Autorität reloaded

Susanne vom Hau

Autorität reloaded

Eine Neukonzeption gegen Gewalteskalationen im Polizeidienst

Susanne vom Hau
Hochschule der Polizei Rheinland-Pfalz
Büchenbeuren, Deutschland

ISBN 978-3-658-14884-3　　　　ISBN 978-3-658-14885-0 (eBook)
DOI 10.1007/978-3-658-14885-0

Die Deutsche Nationalbibliothek verzeichnet diese Publikation in der Deutschen Nationalbibliografie; detaillierte bibliografische Daten sind im Internet über http://dnb.d-nb.de abrufbar.

Springer VS
© Springer Fachmedien Wiesbaden 2017
Das Werk einschließlich aller seiner Teile ist urheberrechtlich geschützt. Jede Verwertung, die nicht ausdrücklich vom Urheberrechtsgesetz zugelassen ist, bedarf der vorherigen Zustimmung des Verlags. Das gilt insbesondere für Vervielfältigungen, Bearbeitungen, Übersetzungen, Mikroverfilmungen und die Einspeicherung und Verarbeitung in elektronischen Systemen.
Die Wiedergabe von Gebrauchsnamen, Handelsnamen, Warenbezeichnungen usw. in diesem Werk berechtigt auch ohne besondere Kennzeichnung nicht zu der Annahme, dass solche Namen im Sinne der Warenzeichen- und Markenschutz-Gesetzgebung als frei zu betrachten wären und daher von jedermann benutzt werden dürften.
Der Verlag, die Autoren und die Herausgeber gehen davon aus, dass die Angaben und Informationen in diesem Werk zum Zeitpunkt der Veröffentlichung vollständig und korrekt sind. Weder der Verlag noch die Autoren oder die Herausgeber übernehmen, ausdrücklich oder implizit, Gewähr für den Inhalt des Werkes, etwaige Fehler oder Äußerungen.

Lektorat: Dr. Cori Antonia Mackrodt

Gedruckt auf säurefreiem und chlorfrei gebleichtem Papier

Springer VS ist Teil von Springer Nature
Die eingetragene Gesellschaft ist Springer Fachmedien Wiesbaden GmbH

Danksagung

Mein besonderer Dank gilt Alfred Himbert, von dessen Berufserfahrung ich profitieren durfte und der die Entstehung des Buches mit Ausdauer und großem Interesse begleitet und mich stets durch Denkanstöße ermutigt und unterstützt hat.

Inhaltsverzeichnis

1 Einleitung... 1
2 Autorität als soziale Beziehungsform........................ 7
  2.1 Autorität klassisch..................................... 7
  2.2 Autorität lohnt sich.................................... 11
3 Autorität in der Krise...................................... 15
  3.1 Modernisierungserscheinungen............................ 17
4 Autorität als Deeskalationsstrategie........................ 25
  4.1 Stärke statt Macht...................................... 26
  4.2 Autorität gegen Gewalt.................................. 32
      4.2.1 Gewaltübergriffe durch Polizei als Folge von
            Ehrverletzung und Autoritätsverlust.............. 41
      4.2.2 Widerstandsdelikte als Folge von Ehrverletzungen
            und Autonomieverlust............................. 44
5 Kampf um Anerkennung – Respekt verschafft Respekt........... 47
6 Polizei-funktionale Autorität – Eine Neukonzeption.......... 53
  6.1 Leitidee.. 53
  6.2 Begriffsmontage... 55
7 Autorität lernen.. 61
  7.1 Autorität als Fassade................................... 70
      7.1.1 Die Bühne – improvisiert......................... 71
      7.1.2 Das äußere Erscheinungsbild: Nullachtfünfzehn statt
            Extravaganz -.................................... 72
      7.1.3 Das Verhalten – Beziehungsarbeit mit Machtgefälle...... 74
      7.1.4 Das Ensemble..................................... 82

8	**Milieuspezifische Einstellungen zur Autorität**	85
	8.1 Milieulandschaft Deutschland – Ein Überblick über Grundlagen und Ergebnisse der Milieuforschung	87
	8.2 Autoritätsbilder und Individualisierungserfahrungen im Milieu	89
	8.3 Polizeieinsatz im Milieu	98
	8.4 Polizeieinsatz in jugendlichen Milieus	103
	8.5 Milieus im Wandel – Rückblick und Aussicht	110
9	**Schlussbemerkung oder: Die offene Gesellschaft und ihre Polizei**	119
Literatur		125

Abbildungsverzeichnis

Abb. 2.1	Gründe für die Autoritätsanerkennung	12
Abb. 4.1	Traditionelle und moderne Autorität	30
Abb. 4.2	Gesellschaftliche Subsysteme und Kodierungen	31
Abb. 4.3	Dysfunktionales polizeiliches Auftreten zwischen Leitbild und Cop-Culture	35
Abb. 4.4	Sonderstellung Polizei	37
Abb. 4.5	Unterscheidung von Gewaltbegriffen und -motiven	40
Abb. 4.6	Asymmetrien polizeil. Interaktion zw. Bürger und Polizei	42
Abb. 6.1	Autoritätsvoraussetzungen und -wirkungen	55
Abb. 6.2	Komponenten polizeifunktionaler Autorität	59
Abb. 7.1	Struktur der Fassade	68
Abb. 7.2	Struktur der Polizeifassade	84
Abb. 8.1	Sinusmilieus 2016	88
Abb. 8.2	Delta-Milieus	88
Abb. 8.3	Delta-Submilieus	89
Abb. 8.4	Autoritätseinstellungen in den Sinusmilieus und Autoritätsampel	97
Abb. 8.5	Zusammenhang zwischen Autoritäts- und Individualisierungseinstellungen	97
Abb. 8.6	Sinus-Lebensweltenmodell u18	104
Abb. 8.7	Autoritätseinstellungen in den Jugendmilieus	108
Abb. 8.8	Verschiebungen der Milieugrößen von 2001 bis 2015	111

Tabellenverzeichnis

Tab. 2.1 Vor- und Nachteile der Autoritätsanerkennung 12
Tab. 5.1 Anerkennungssphären 50
Tab. 7.1 Definitionen zur Goffmanschen Rollentheorie 64
Tab. 8.1 Charakterisierung der Milieus nach Ausstrahlung 102

Einleitung 1

Eigentlich war der Streifenwagen am Donnerstag wegen eines Verkehrsunfalls in die Karl-Marx-Straße gerufen worden. Doch die Beamten – die 33 Jahre alte Polizeikommissarin, ein Kollege und ein Auszubildender – konnten den Unfall nicht gleich finden und führen langsam auf der rechten Spur. Schließlich hielten sie an. Daraufhin stoppte ein BMW neben ihnen. Der Fahrer schrie durch das geöffnete Fenster, die Polizisten sollten schneller fahren. Dann scherte der BMW vor dem Streifenwagen ein, und der Fahrer ging offenbar mitsamt seinem Beifahrer auf die Polizisten los. Bei dem Handgemenge wurde die Beamtin ins Gesicht geschlagen. Als die Polizistin die 26 und 19 Jahre alten Männer daran hindern wollte, einfach davonzufahren, schlug der BMW-Fahrer ihr schließlich noch die Autotür gehen die Schulter (Brüning 2013).

Nichts Ungewöhnliches, könnte man mittlerweile meinen: Körperverletzungen Widerstandsdelikte und Nötigungen gehören für Polizeibeamte und -beamtinnen schließlich zum Berufsrisiko. Mag auch der mit solchen und ähnlichen Berichten vertraute Zeitungsleser dieses Ereignis ungerührt zur Kenntnis nehmen, so bleibt doch dem aufmerksamen Beobachter gesellschaftlicher Prozesse nicht verborgen, dass sich dieser Zwischenfall wesentlich von anderen Meldungen über Gewalteskalationen zwischen Polizei und Bürgern unterscheidet. In diesem Fall scheint sich nämlich eine ganz neuartige Qualität von Gewaltbereitschaft gegenüber Polizei abzuzeichnen. Es ist nicht einfach das schon alltäglich gewordene rüpelhafte Fehlverhalten im Straßenverkehr, das hierbei von Interesse ist. Überaus erstaunlich ist vielmehr die Tatsache, dass es offenbar überhaupt keinen Einfluss auf das nötigende Verhalten der beiden Täter hatte, dass es sich bei dem vermeintlichen Verkehrshindernis nicht um ein ziviles Fahrzeug, sondern um einen Streifenwagen handelte. Es ist nicht einfach Geringschätzung, die hier zum Ausdruck kommt; in einem Höchstmaß an Missachtung wird nicht nur der polizeiliche Dienst, sondern die Präsenz der Polizei insgesamt durch Nichtwahrnehmung negiert. In zahlreichen aktuellen Medienberichten werden vergleichbare Vorfälle als zunehmende ‚Respektlosigkeit' gegenüber der Polizei beklagt. Im Zusammentreffen von respektlosem Verhalten mit einer erschreckend hohen Gewaltbereitschaft wirft der Autoritätsverlust der Polizei viele Fragen auf – für die Gesellschaft, aber auch für die Polizei selbst, die in der Gesellschaft Ordnung und Sicherheit gewährleisten soll.

Die Beziehung zwischen Polizei und Bürgern wurde – wie andere Sozialbeziehungen auch – bereits im ausgehenden 20. Jahrhundert von verschiedenen ineinandergreifenden Modernisierungsschüben erfasst, die in den Sozialwissenschaften als Individualisierungsprozess bezeichnet und beschrieben werden. Wichtige damit einhergehende Einstellungsveränderungen scheinen erst im 21. Jahrhundert Verhaltensänderungen zu bewirken und in den Niederungen der Lebenswelten und besonders im Polizeidienst spürbar zu werden. Von der Polizeiwissenschaft werden umfangreiche Kenntnisse darüber, wie sich Modernitätserscheinungen konkret auf polizeiliches Handeln auswirken, kaum bereitgestellt. Zwar besteht Einigkeit darüber, dass es sich bei dem allgemeinen Akzeptanzverlust der Polizei nicht um ein Naturereignis handelt, das schicksalhaft über die Polizei hereinbricht, sondern um eine Kulturerscheinung, die durch verändernde gesellschaftliche Bedingungen hervorgerufen wird. Wie tief greifend sich der gesellschaftliche Wandel aber bereits auf die allgemeinen Einstellungen ausgewirkt hat, nicht nur jeden Lebensbereich erfasst und von Grund auf verändert, sondern auch die subjektiven Einstellungen jedes Einzelnen durchdrungen hat, und mit welchen künftigen Einstellungen und Verhaltensänderungen noch zu rechnen sein wird, lässt sich allein mit der aus polizeilicher Problemperspektive betriebenen Diagnostik und Prognostik kaum erfassen.[1] Die Frage nach den Ursachen eröffnet einen Problemhorizont, der weit über die ordnungs- und sicherheitserhaltende Funktion der Polizei hinausweist und die gesamte Gesellschaft mitsamt all den in ihr verbreiteten Grundorientierungen, Einstellungen, Befindlichkeiten und Interaktionsmustern umspannt.

Im Spektrum moderner Beziehungsformen der Gesellschaft nimmt die Interaktion zwischen Polizei und Bürgern eine Sonderstellung ein. Wegen ihrer speziellen Aufgabenstellung und der damit verbundenen Monopolstellung der Polizei, die ihr erlaubt, Gewalt als Mittel zur Konfliktlösung einzusetzen, lässt sich die

---

[1] Auch in der Kritik des bayerischen Seniorvorsitzenden der Gewerkschaft der Polizei (GdP), Günter Klinger, der sich – wie viele andere – über die kritische Einstellung der Bevölkerung gegenüber der Polizei beklagt, deutet sich lediglich ein Imageschaden der Polizei an, wenn er auf einer GdP-Bundesseniorenkonferenz zu Bedenken gibt, der Slogan „Dein Freund und Helfer" habe der Polizei wahrscheinlich nicht gut getan. Fundamentale gesellschaftliche Wandlungsprozesse bleiben ausgeblendet (Günter Klinger 2015, S. 16).

1 Einleitung

polizeiliche Praxis nicht problemlos in das Bild der friedlichen, im privaten, institutionellen und wirtschaftlichen Verkehr inzwischen üblichen kommunikativen Beziehungsform einfügen, in der bei divergierenden Interessen herrschaftsfreie konsensorientierte Diskurse so lange geführt werden, bis alle rational-stichhaltigen Argumente ausgetauscht und alle Teilnehmer aufgrund von Einsicht einer Lösung zustimmen. Rafael Behr hat diesen systembedingten Widerspruch, der innerhalb der Polizei im Spannungsfeld zwischen der „Cop Culture" und der Polizeikultur zum Ausdruck kommt, eindrucksvoll dargestellt.[2] Ihre Aufgabenstellung gestattet der Polizei nur bedingt, wie in anderen Gesellschaftsbereichen üblich den Idealen der Diskursgesellschaft zu folgen. Die Erledigung wichtiger polizeilicher Aufgaben suspendiert sie im Einzelfall von der allgemeinen Verpflichtung, sich in langatmige Diskurse zu begeben, um mit den Konfliktparteien divergierende Geltungsansprüche auszuhandeln. In der Folge zeigt sich heute in der Polizeipraxis, dass ohne diskursive Rechtfertigung den polizeilichen Maßnahmen oft die nötige Akzeptanz verweigert wird. Soziale, insbesondere kommunikative Kompetenzen von Polizeibeamten und -beamtinnen[3] können diesen Umstand nur bedingt kompensieren. Die Folge ist eine Zunahme von Zwangsmaßnahmen und Gewalteskalationen bei Polizeieinsätzen, wie sie in jüngster Zeit nicht nur im großstädtischen, sondern auch im vorstädtisch ländlichen Bereich zu beobachten ist. Von der Gegenpartei nicht akzeptierte Maßnahmen, die entsprechend der Definition des Machtbegriffs von Max Weber „auch gegen Widerstreben" durchgesetzt werden müssen, prägen den Polizeialltag und konterkarieren somit das Leitbild des Polizeidienstes als „Dienst für und mit dem Bürger" und „als kollegial und fair im Miteinander".[4] Besteht demnach die Alternative nur darin, entweder Macht demonstrierend als säbelrasselnder Krieger in der Gesellschaft aufzutreten oder als zahnloser Tiger auf die Durchsetzung des Gewaltmonopols bei Nichtakzeptanz weitgehend zu verzichten?

Auf der Straße im täglichen Polizeidienst dürfte sich diese Problemlage kaum beheben lassen, solange in makrosoziologischer Herangehensweise die Bewertung gesellschaftlicher – und die Polizeiarbeit behindernder – Veränderungen allein der allgemeinen Kulturkritik überlassen bleibt. Verändern kann sich grundsätzlich nur dann etwas, wenn die Kritik an dem allseits sichtbar werdenden

---

[2]Siehe Behr (2008).
[3]Im Interesse einer besseren Lesbarkeit wird teilweise auf geschlechtsspezifische Personenbezeichnungen verzichtet. Die gewählte männliche Schreibweise schließt immer die adäquate weibliche Bezeichnung gleichberechtigt ein.
[4]Weber (2009, S. 28); zum Leitbild: Ministerium des Innern, für Sport und Infrastruktur des Landes Rheinland-Pfalz 2013.

Akzeptanzverlust der Polizei nicht nur an die Gesellschaft, sondern auch an die Polizei selbst adressiert wird. Die Gesellschaft muss zur Polizei passen, das bedeutet aber in erster Linie, dass die Polizei zur Gesellschaft passen muss. Aus der polizeisoziologischen Perspektive von Raphael Behr bereitet daher nicht eigentlich der respektlose Bürger Probleme, sondern die „Polizisten, die mit Respektlosigkeit nicht umgehen können, weil sie es in der Ausbildung nicht gelernt haben".[5] Behr plädiert deshalb für eine stärker soziologisch ausgerichtete Ausbildung, in der z. B. mehr Gewicht auf die Vermittlung von „kommunikativen Deeskalationstechniken" gelegt wird.[6] Ein tieferes Verständnis von gewaltbehafteten Interaktionen, „ihrer Bedingungen und ihrer Auswirkungen könnte" auch nach Ansicht des Kriminologen Thomas Feltes „dazu führen, dass Polizeibeamte diese Situation besser einschätzen und angemessener reagieren und damit das Gewaltniveau insgesamt niedriger halten können. Je angemessener ein Polizeibeamter auf die Situation reagiert, auf die er trifft, umso unwahrscheinlicher ist eine Eskalation. Insofern sind Forschungen zu begrüßen, die sich intensiver, als dies bisher der Fall ist, mit den Interaktionen zwischen Bürgern und Polizei beschäftigen".[7]

In diesem Sinne soll die folgende Abhandlung einen Beitrag zum besseren Verständnis gesellschaftlicher Zusammenhänge leisten und Erklärungen für die zunehmende Gewaltbereitschaft gegenüber einer Autorität beanspruchenden Polizei liefern. Eine Neukonzeption polizeilicher Autorität, die den vorgefundenen Bedingungen der modernen Gesellschaft angepasst ist, soll dann im Bürgerkontakt zur Prophylaxe gegen despektierliches Verhalten dienen. Die dabei argumentationsleitende schlichte Ausgangsüberlegung lässt sich auf die knappe Formel bringen: Respektlosigkeit verursacht Respektlosigkeit. Um ihren Akzeptanzproblemen entgegenzuwirken, kann die polizeifunktionale Autorität nämlich gewissermaßen auch von einem durch die Individualisierung verursachten allgemeinen Anerkennungsdefizit profitieren. Um im Kampf um Anerkennung Polizeiautorität durchzusetzen, empfiehlt sich eben nicht – wie man zunächst meinen könnte – in der Konkurrenzsituation gegen die selbst Achtung beanspruchende Polizeiklientel mit eigenen Akzeptanzerwartungen anzutreten, sondern umgekehrt: Die Autorität der Polizei kann nur aus der Anerkennung erwachsen, die sie selbst ihrer Klientel entgegenbringt. Die deeskalierende Wirkung polizeifunktionaler Autorität lässt sich demnach ebenfalls prägnant formulieren: Respekt verschafft Respekt. Um Verhaltensveränderungen herbeizuführen, reicht es eben nicht – wie meist

---

[5]Behr zitiert von Serrao (2015, S. 49).
[6]Serrao, S. 49.
[7]Feltes (2005, S. 4).

1 Einleitung

üblich – polizeiliches nur als reaktives, durch das Verhalten der Polizeiklientel verursachtes Verhalten, sondern als aktives situationsbeeinflussendes Handeln aufzufassen. Für die Präzisierung einer in dieser Weise Einfluss nehmenden Polizeiautorität werden zudem noch die Ergebnisse der Milieuforschung hinzugezogen, die erlauben, in Abhängigkeit von der Milieuzugehörigkeit Einstellungen gegenüber Autoritäten zu unterscheiden und die neu konzeptionierte polizeiliche Autorität noch einmal auf ihre Praxistauglichkeit hin zu überprüfen.

Da die aus einem Autoritätsverlust resultierenden Konflikte meistens im schutz- und bereitschaftspolizeilichen Dienst entstehen, richten sich die Handlungsempfehlungen insbesondere an diese Funktionsgruppen. Die Kriminalpolizei und höhere Statusgruppen (höherer Dienst) stehen nicht im Fokus, können gegebenenfalls aber profitieren. Polizeiimmanente Strukturen und Hierarchien bleiben weitgehend ausgeblendet.[8]

Der Argumentationsfaden wird anhand der folgenden fünf Thesen entwickelt:

1. Antiquierte Autoritätsvorstellungen, die den gesellschaftlichen Anforderungen nicht mehr entsprechen, erschweren die polizeiliche Arbeit.
2. Im Kontakt zwischen Bürger und Polizei besteht ein Zusammenhang zwischen der Abnahme von Autorität und einer Zunahme an Gewalt.
3. Eine häufige Form von Gewalt ereignet sich im Polizeidienst als Reaktion auf Missachtung bzw. mangelnde Wertschätzung entweder als Widerstand, wenn die polizeiliche Klientel sich missachtet wähnt, oder als polizeilicher Übergriff, um Autorität zu verteidigen bzw. wiederherzustellen.
4. Polizeiliche Autorität ist nicht angeboren, sondern erlernbar und Bestandteil von sozialen Rollen.
5. Je negativer oder kritischer die Individualisierung erfahren wird, desto stärker ist die Autoritätsverweigerung ausgeprägt.

---

[8]Mit der Organisationskultur der Polizei hat sich besonders gründlich Rafael Behr auseinandergesetzt. Siehe dazu Behr (2006).

Autorität als soziale Beziehungsform

Welche Beziehungsform zwischen Polizei und Bürger wäre denkbar, die der Polizei ermöglichen würde, ohne Akzeptanzverlust ihre polizeilichen Aufgaben zu erfüllen? Unter dem Verdacht nicht nur antiquiert, sondern Ausdruck einer „obrigkeitsstaatlichen Untertanengesinnung"[1] zu sein, wurde die auf Autorität basierende Beziehungsform, die vormals vor allem in den Bereichen Kirche, Militär, Familie und Schule verbreitet war, von den Verfechtern der Diskursgesellschaft vielleicht vorschnell verabschiedet. Möglicherweise könnte eine Wiederbelebung und Modernisierung von Autoritätsverhältnissen im sozialen Spannungsfeld alltäglicher Polizeiarbeit die Akzeptanz polizeilicher Maßnahmen grundsätzlich erhöhen.

2.1 Autorität klassisch

> Kommt auf der Straße ein würdiger alter Herr, ein ehrwürdiger Geistlicher, ein Würdenträger oder sonst einer, der Beachtung verdient, denk daran, dass du als junger Mann den Weg frei machst. … Mit höher gestellten Leuten spricht man achtungsvoll und zurückhaltend, mit Gleichgestellten liebenswürdig und freundlich. Beim Sprechen hält man die Mütze in der Linken, die Rechte befindet sich dabei in Nabelhöhe vor dem Leib (Erasmus von Rotterdam 1529).[2]

---

[1]Göpfert (2001, S. 62).
[2]Gail (1963, S. 103).

Zur näheren Begriffsbestimmung des obsolet anmutenden Begriffs ‚Autorität' erfolgt zunächst eine Abgrenzung von Sozialformen, die auf Zwang basieren. Auf eine etymologische Betrachtung wird hier verzichtet, da sich die allgemeine Wortbedeutung von ‚auctoritas' von ihrem begriffsgeschichtlichen Ursprung weit entfernt hat;[3] die Verwendung des Adjektivs ‚autoritär' wird wegen seiner missverständlichen semantischen Auslegung vermieden.

Ein einheitlicher Sprachgebrauch ist zwar nicht erkennbar, aber im Unterschied zur Begriffsfamilie Macht, Herrschaft und Gewalt zeichnet sich der Begriff der Autorität vor allem durch den Aspekt der Freiwilligkeit aus und kann somit nicht als eine Form von „Zwang besonderer Art" verstanden werden, wie Hannah Arendt betont.[4] Autorität „schließt gerade den Gebrauch jeglichen Zwanges aus, und wo Gewalt gebraucht wird, um Gehorsam zu erzwingen, hat Autorität immer schon versagt".[5] Das Autoritätsverhältnis eignet sich also offenbar nicht dazu, repressive Maßnahmen zu rechtfertigen. Es kann aber – so Arendt weiter – auch nicht als Basis für kommunikative Überzeugungsarbeit im Diskurs dienen: Denn Autorität ist auch „unvereinbar mit Überzeugen, welches Gleichheit voraussetzt und mit Argumenten arbeitet. Argumentieren setzt Autorität immer außer Kraft".[6] Wo Autorität als Beziehungsform genau anzusiedeln ist, bleibt vorerst noch offen, fest steht aber, dass ihre Mittel weder Waffen noch Worte sind, sondern etwas dazwischen Liegendes. Hannah Arendt verfolgt den Begriff als eine politische Kategorie menschlichen Zusammenlebens in die griechische Philosophie zurück. Im platonischen Sinn handelt es sich um Verhältnisse, „in denen das Zwangselement in der Beziehung selbst beschlossen liegt und so dem Erteilen von Befehlen vorangeht".[7] Die von Hannah Arendt herausgestellte Divergenz zwischen Autoritätsausübung und Zwang teilt der prominente Soziologe Heinrich Popitz nicht: „Autorität kann auf Zwangsmittel verzichten, sie muss es nicht tun".[8] Beide Standpunkte stimmen aber darin überein, dass Zwangsmittel nicht notwendig zur Autoritätsbeziehung dazugehören. An dieser Stelle genügt

---

[3]Vgl. zur Begriffsgeschichte Arendt (2013, S. 188).
[4]Arendt (2013, S. 159).
[5]Arendt (2013, S. 159).
[6]Arendt (2013, S. 159).
[7]Arendt (2013, S. 176).
[8]Popitz (1986, S. 13). Zusammenfassend hält Popitz dazu fest: „Autoritätsmittel sind nicht gebunden an Zwangsmittel irgendwelcher Art, sie sind aber auch mit Zwangsmitteln nicht prinzipiell unvereinbar" (Popitz 1986, S. 14). Ebenso hat auch Kant das Verhältnis von Autorität und Zwang dargestellt: „Der Gehorsam kann abgeleitet werden aus dem Zwange, dann ist er absolut, oder aus dem Zutrauen und dann ist er von der anderen Art", nämlich Folge von Autorität (Kant 1983, S. 691).

2.1 Autorität klassisch

es zunächst, diesen elementaren Unterschied gegenüber Herrschafts- und Machtformen festzuhalten. Die Verknüpfung von Autorität und Zwang wird im polizeilichen Kontext noch bedeutsam und an späterer Stelle ausführlicher behandelt.

Diese vorläufige Positionierung des Begriffs im zwischenmenschlichen Beziehungsgeflecht hebt ihn unter Beibehaltung des Über- und Unterordnungsverhältnisses deutlich von den Begriffen des Zwangs ab. Denn die Hierarchie, die in einer demokratisch verfassten Gesellschaft von Gleichen unter Gleichen der besonderen Legitimation bedarf, findet im Autoritätsverhältnis auf beiden Seiten Anerkennung. Nicht nur durch denjenigen, der Autorität beansprucht, sondern auch durch denjenigen, der den Anspruch anerkennt, wird sie stabilisiert und aufrechterhalten.

Bei Autoritätsverhältnissen handelt es sich demnach weder um egalitäre Beziehungen, die zwischen Gleichen stattfinden, noch um Herrschafts- bzw. Machtverhältnisse, die auf Befehl und Gehorsam beruhen. Ein Herrschaftsverhältnis, das Weber als die Chance definiert, „Gehorsam für einen bestimmten Befehl zu finden", kann jedoch durch Autorität legitimiert werden.[9]

Heinrich Popitz stellt vier Merkmale heraus, die jede Autoritätsbeziehung aufweist[10]:

1. Autoritätswirkungen führen zu dem von der Autoritätsperson gewünschten Verhalten, wobei die Konformität des Verhaltens auch über den Kontrollbereich der Autoritätsperson hinaus erwartet werden darf.
2. Nicht nur das Verhalten, sondern auch Einstellungen der Autoritätsperson werden von den Autoritätsabhängigen übernommen. „Autoritätsbeziehungen gehen unter die Haut".[11]
3. Autorität auszuüben bedeutet auch, auf die „Drohung mit physischen und materiellen Strafen" zu verzichten. „Autorität ist ... gleichsam waffenlos" (siehe Fußnote 11).
4. Wer eine Autorität anerkennt, „erkennt eine Überlegenheit des anderen an. Er sieht als Unterlegener zu ihm auf".[12]

Die Beweggründe, die zur Anerkennung der Superiorität einer Person führen, sind vielfältig und unterliegen als Ergebnisse subjektiver Wahrnehmung dem sozialen Wandel. Als eine Urform von Autorität hat allenfalls die Vorrangstellung Älterer

---

[9]Weber (2009, S. 217).
[10]Popitz (1986, S. 10 ff.).
[11]Popitz (1986, S. 12).
[12]Popitz (1986, S. 14).

gegenüber Jüngeren eine lange Tradition, denn hierbei erwächst die Autoritätsbeziehung aus der Naturnotwendigkeit biologischer Reproduktion. Mit der darauf gründenden und kulturell umgedeuteten Ehrfurcht vorm Alter erfährt der betagte Mensch eine Aufwertung, mit der zugleich ein Autoritätsanspruch als besonderes Verdienst gerechtfertigt erscheint. Objektiv betrachtet liegt aber mit der Altersangabe zunächst nur eine Zahl von Lebensjahren vor, die ansonsten völlig inhaltsleer ist. Erst die mit den Lebensjahren erworbenen Kenntnisse und Fertigkeiten u. a. reichern die Altersangabe qualitativ an und können gegebenenfalls einen Vorsprung Älterer gegenüber Jüngeren begründen. Für sich genommen gibt das Alter einer Person über mögliche Autoritätsansprüche aber keine Auskunft. Die Tradition, die den Respekt vorm Alter überliefert hat, bietet hier kein stabiles Fundament und schützt nicht vor gesellschaftlich bedingten Neubewertungen. Zahlreiche aktuelle Beziehungsformen deuten heute daraufhin, dass sich das Verhältnis problemlos umkehren lässt. Häufig erwachsen nämlich aus speziellen Kenntnissen Jüngerer Autoritätsansprüche gegenüber alten Menschen – beispielsweise im ärztlichen Bereich, wo sich alte Kranke der medizinischen Anordnung junger Ärztinnen und Ärzte unterordnen. Auch ohne einen sogenannten ‚Jugendwahn' zu diagnostizieren, finden sich – von der frühkindlichen Erziehung, in der Ältere sicherlich noch eine gewisse Autorität beanspruchen dürfen, einmal abgesehen – heute kaum noch gesellschaftliche Nischen, in denen Menschen allein aufgrund ihres fortgeschrittenen Alters bevorzugt werden. In einer wissenschaftlich-technisch rasant fortschreitenden Gesellschaft sind an Führungspositionen mittlerweile Anforderungen gestellt, für die ein höheres Lebensalter geradezu disqualifiziert. Das Alter gilt demnach heute nicht mehr als Auszeichnung, sondern eher als Defizit, das sofern es nicht mehr kaschiert werden kann, sogar oft zur sozialen Desintegration führt. Die Altersdifferenz, die der Eltern-Kind-Beziehung zugrunde liegt, kann also – aus dem Naturzusammenhang herausgelöst – überhaupt nur dann zu einer verbreiteten Akzeptanz von Autoritätsanerkenntnis führen, wenn Älteren faktisch bessere Kenntnisse, größere Erfahrung oder höhere Einsicht zugeschrieben werden.[13] Andernfalls – das sei hier noch am Rande erwähnt – würde ein über das Alter definierter Autoritätsbegriff erheblich überbeansprucht und unscharf, da in diesem Fall unterschiedslos jedem Menschen im Laufe seines Lebens einmal Autorität zuzusprechen wäre.

Aus Beziehungen zu Autoritätspersonen, die aus subjektiver Sicht der Anerkennenden mehr wissen, mehr haben oder mehr können, lassen sich Autoritätsansprüche außerdem geltend machen, sofern sie an einen sozialen Status oder eine soziale Position gebunden sind. Aber auch für die mit Autorität ausgestatteten Positions-, z. B. Amtsinhaber, zeichnet sich deren Autoritätsstellung stets durch

---

[13]Vgl. Popitz (1986, S. 14).

exklusive Befugnisse oder besondere Kompetenzen aus, sodass ihre Anerkennung aus einer Kompetenzvermutung erwächst.

Ein Spezialfall der Autoritätsanerkennung muss noch erwähnt werden, weil er im Alltagsverständnis von Autorität immer noch fest verankert ist: Gemeint ist die charismatische Autorität. In seiner Typologie legitimer Herrschaftsformen hat Max Weber neben der traditionalen und der legalen Herrschaft auch den Typus der charismatischen Herrschaft entwickelt, die „kraft affektueller Hingabe an die Person des Herrn und ihre Gnadengaben (Charisma), insbesondere: magische Fähigkeiten, Offenbarungen oder Heldentum, Macht des Geistes und der Rede" Gehorsam erwirkt.[14] In seiner Konzeption des ‚Charisma' hatte Weber der Autoritätsperson noch die bedeutende Rolle des Opponenten zugedacht, der sich den allgemeinen Rationalisierungstendenzen unserer Zeit widersetzen kann, fürchtete aber schon, dass das Charisma in einer entzauberten Welt als Legitimationsgrundlage für Herrschaft mit der „Veralltäglichung des Charisma" enden würde.[15] Dem zur Autorität emporgehobenen und zum Vorbild erkorenen Charismatiker, der bei Weber als Priester, Prophet, Richter oder als militärischer Führer auftritt, haftet tatsächlich etwas Irrationales an, das heutzutage unmodern anmutet. Dennoch ist das Glanzvolle, das Personen umgibt, die mit der besonderen übernatürlichen Gabe ausgestattet sind, eine große Anhängerschar zu faszinieren und zu begeistern, nicht verblasst. Aber ein daraus resultierender mystisch-verklärter Autoritätsgehorsam gerät heute selbst unter Rechtfertigungsdruck. Auch von dem zur Gefolgschaft Bereiten wird erwartet, dass er seine Beweggründe rational ausweisen kann. In unserer nachfeudalen Gesellschaft sind charismatische Persönlichkeiten zwar nicht vollends verschwunden, aber sie sind verzichtbar geworden (s. Abb. 2.1).[16]

2.2 Autorität lohnt sich

Lohnt sich die Beschäftigung mit Autorität überhaupt noch? Kann das anachronistisch anmutende Autoritätsverhältnis in einer Welt, in der immer stärker Effizienzgesichtspunkte in den Vordergrund rücken und Kategorien wie Nützlichkeit

---

[14]Weber (2009, S. 221).

[15]Weber zit. n. Hufnagel (1971, S. 245).

[16]Allenfalls in der Fußballwelt scheinen charismatische Persönlichkeiten noch gefragt zu sein, deren besondere Befähigungen aber eher mystisch verklärt werden und kaum mehr an den Charismatiker feudaler Zeiten erinnern: So wurde dem Fußballtrainer Guardiola unlängst bescheinigt: Seine Autorität sei „frei von autoritärem Gehabe. Sie entsteht durch eine permanente, hellwache Präsenz, eine sanfte fast fernöstliche Klarheit und Intensität in dem, was er tut" (FAZ v. 23.03.2014).

Abb. 2.1 Gründe für die Autoritätsanerkennung. (Quelle: Eigene Darstellung ©vomHau)

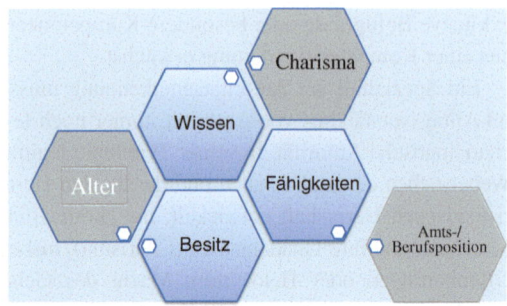

Tab. 2.1 Vor- und Nachteile der Autoritätsanerkennung. (Quelle: Eigene Darstellung ©vom Hau)

Autoritätsbeziehung	Kosten	Nutzen
Autoritätsperson	Verantwortung als Vorbild; Führungsbereitschaft; Lob und Achtung gegenüber dem Folgsamen	Durchsetzung eigener Interessen auch ohne Androhung von Zwang
Autoritätsanerkennender	Gehorsam; Verzicht auf Durchsetzung individueller Interessen und Ansichten; Missbrauchsgefahr	Anerkennung; Bindung; Vertrauen; Geborgenheit; kein Rechtfertigungszwang

und Verwertbarkeit zur Ökonomisierung des Sozialen beitragen, den modernen Anforderungen genügen?[17]

Der relationale Charakter einer nicht auf Zwang gründenden Autorität deutet darauf hin, dass beide Positionen, sowohl die überlegene als auch die unterlegende Stellung, gleichermaßen zur Stabilisierung der Beziehung beitragen. Worin liegen aber – bilanzwirtschaftlich formuliert – Kosten und Nutzen dieser Sozialbeziehung (s. Tab. 2.1)? Aus dem Nutzen des einen scheinen sich gleichsam die Kosten des anderen zu ergeben. Aber welche Kosten entstehen der Autoritätsperson und welchen Nutzen zieht der Autoritätsabhängige aus der Beziehung? In einem funktionierenden Autoritätsverhältnis scheint die Rechnung tatsächlich aufzugehen. Werden nämlich auf der einen Seite Anforderungen erfüllt, wird dieser Gehorsam von der anderen Seite mit einer deutlichen Energieeinsparung belohnt. Denn gemäß der Beziehungslogik profitiert, wer sich dem Einfluss der

---

[17]Vgl. dazu Sennett (2006).

2.2 Autorität lohnt sich

Autorität aussetzt bzw. ihn zulässt, auch von der Überlegenheit bzw. dem Erfolg der Autoritätsperson. Anders als diese kann sich nämlich der Autoritätshörige eine komplexitätsreduzierende Wahrnehmung leisten. Analog zur neobehavioristischen Theorie des Psychologen Bandura, der zufolge das ‚Lernen am Modell' ermöglicht, Lernvorgänge zu bündeln und ganze Verhaltenskomplexe eines Modells zu kopieren, muss in der Autoritätsbeziehung der seine Unterlegenheit Anerkennende nicht mehr selbst einzelne Urteile, Meinungen oder Wertmaßstäbe entwickeln und verteidigen, sondern kann sich im Vertrauen auf die durch die Autorität verbürgte Richtigkeit ihre sämtlichen Einstellungen zu eigen machen. Ist also die Autoritätsbeziehung erst einmal zustande gekommen, die Überlegenheit der Autorität bereits akzeptiert, können sämtliche Verhaltens- oder Denkmuster der Autorität im Paket übernommen werden. Aufgrund ihrer Vertrauensbasis ermöglicht die Vorbildfunktion der Autorität eine enorme Rationalisierung von ansonsten langwierigen Meinungsbildungs- und Entscheidungsprozessen. Die Einflusssphäre der Autorität erstreckt sich wie bei der Gewaltdrohung auf vergleichbare gegenwärtige und zugleich auf „viele zukünftige Fälle" und kann somit langwierige Kommunikationswege abkürzen.[18] Besondere, auch autoritätsstiftende Eigenarten einer Person, verschmelzen in der Wahrnehmung des Autoritätsanerkennenden zu einem Gesamtbild der Autoritätsperson. Besteht erst das Über- und Unterordnungsverhältnis, dann werden Eigenschaften, die der Autoritätsperson anhaften, nicht mehr unabhängig von der Gesamtperson beurteilt, sondern mit ihr identifiziert. Die Tendenz besteht dann, so Popitz, die Vorzüge der Autoritätsperson zu generalisieren.[19]

Die Kostenseite der Bilanz scheint in der funktionierenden Autoritätsbeziehung ebenfalls ausgeglichen zu sein. Hier steht die Verantwortung und Führungsbereitschaft der Autorität der Bereitschaft des Autoritätsgehorsamen gegenüber, individuelle Interessen und Ansichten gegebenenfalls zurückzustellen. Zu den Kosten der überlegenen Person gehört aber auch, und auf diesen Punkt wird später noch näher einzugehen sein, der Erwartung des Autoritätsanerkennenden gerecht zu werden, um in Form von Anerkennung durch die Autoritätsperson bestätigt zu werden. Diesem Aspekt hat Popitz besondere Bedeutung beigemessen: „Die Fixierung des Anerkennungsstrebens auf bestimmte Personen erklärt die Abhängigkeit des Autoritätsanerkennenden als die Abhängigkeit von denen, auf deren Lob und Achtung er besonders intensiv hofft, deren Tadel und

---

[18]Hösle (1997, S. 416).
[19]Popitz (1986, S. 17).

Geringschätzung er besonders intensiv fürchtet."[20] Als Quelle der Bestätigung gewinnt diese Beziehungsform für den Autoritätsanerkennenden noch einmal besondere Attraktivität und ermöglicht somit ein ausgewogenes Kosten-Nutzen-Verhältnis. Die Bereitschaft der Anerkennung ist immer auch mit Emotionen, zumeist mit Bewunderung, Furcht oder Respekt verbunden. Das zeigt sich auch am Ende einer Autoritätsbeziehung: Wird Autorität aberkannt, erwächst aus ihr nicht Feindschaft, sondern Verachtung (s. Tab. 2.1).[21]

Die hier – teils der semantischen Logik folgend, teils durch Abgrenzung von verwandten Begriffen – herausgestellten allgemeinen Kennzeichen von Autorität bilden nur den Rahmen, innerhalb dessen sich der Begriff entfalten kann. Was der Einzelne unter Herrschaft, Macht, Gewalt und Autorität versteht, ist letztlich Ergebnis unterschiedlicher Sozialisationsprozesse. Unter dieser Prämisse ist Autorität kein einheitlicher Begriff, sondern ein soziales Phänomen, das in verschiedenen sozialen Milieus in unterschiedlichen Erscheinungsformen auftritt.

Zusammenfassend kann man sagen: Mit der Autoritätsbeziehung liegt eine legitimierte Sonderform asymmetrischer Interaktion vor, die einen Spielraum zwischen Repression und Laissez faire, zwischen Zwang und Freiheit eröffnet, der für das Verhältnis der Schutz- und Bereitschaftspolizei zur Bevölkerung einen Idealtypus darstellen könnte. Als solcher lässt er sich möglicherweise rein instrumentell zur Konfliktvermeidung verwenden. Eine moralische Bewertung von Autorität müsste sich – sofern sie über pädagogische Wirkungen hinaus gelten soll – retrospektiv mit den Verunglimpfungen von Autoritätsansprüchen in der deutschen Vergangenheit auseinandersetzen, aber auch eine gründliche Entflechtung von Autorität und Herrschaft vornehmen. Ein solches Vorhaben würde über die hier angestrebte rein zweckrationale Perspektive weit hinausführen.

---

[20]Popitz (1986, S. 19).
[21]Vgl. Arendt (2013), sowie Popitz (1986, S. 20).

Autorität in der Krise 3

1. These: Antiquierte Autoritätsvorstellungen, die den gesellschaftlichen Anforderungen nicht mehr entsprechen, erschweren die polizeiliche Arbeit.

Für viele gilt Autorität heute als eine unzeitgemäße Beziehungsform. Von einer Krise der Autorität bzw. vom „Autoritätsverlust der modernen Welt"[1] ist spätestens seit der sogenannten ‚68er-Bewegung'[2] die Rede. Aus gesellschaftskritischer Perspektive bleibt der Begriff aber in den 70er und 80er Jahren durchaus noch Gegenstand wissenschaftlicher Reflexion. Der Philosoph Joseph Maria Bocheński ist 1974 noch der Überzeugung, „im Zeitalter der Autorität" zu leben und 1986 vermutet der Soziologe Heinrich Popitz noch, dass Autoritätswirkungen gegenwärtig sind: „keine Modernität, keine Rationalisierung hat sie beseitigt".[3] „Das Bedürfnis nach Autorität ist elementar."[4], erklärt Richard Sennett einleitend in seiner 1980 erschienenen Monografie zum Thema ‚Autorität'.

Aber auch heute in der fortgeschrittenen ‚offenen Gesellschaft' scheinen in traditionellen Bereichen Autoritätsverhältnisse noch Bestand zu haben, wie sich in einer jüngeren Studie zum Thema „Autorität in Deutschland" gezeigt hat: In

---

[1] Bocheński (1974, S. 9). Arendt (2013, S. 159).
[2] Vgl. dazu den Vortrag von Klaus Horn und Alexander Mitscherlich in der Polizeiakademie in Hiltrup im Jahr 1968. (Horn und Mitscherlich 1968).
[3] Popitz (1986, S. 7).
[4] Sennett (2008, S. 19).

der historischen Betrachtung belegen zwar die Umfrageergebnisse einen „relative[n] Gewichtsverlust der Autoritätsorientierung"[5] in der Gegenwart. Gleichwohl glauben – laut Umfrageergebnisse – 80 % der deutschen Bevölkerung, „dass in einer Gesellschaft Autoritätspersonen notwendig sind".[6] Als Grundlage pädagogischer Konzepte hat das Autoritätsverhältnis im familiären, im schulischen und im militärischen Bereich eine lange Tradition. Doch seit der gründlichen Aufarbeitung von Autoritätsstrukturen zur Zeit des Nationalsozialismus stehen Autoritätsverhältnisse unter dem Generalverdacht, als Ausdruck einer antidemokratischen elitären Gesinnung gegen den Geist der Aufklärung Untertanenmentalität zu befördern.[7] In der Pädagogik wurde zeitgleich der autoritäre Erziehungsstil abgelöst, um das selbstverantwortliche Individuum aus alten Unterordnungsverhältnissen zu befreien und ihm neue Entfaltungsmöglichkeiten zu eröffnen. Heute kann man sagen: Die Anstrengungen, die zur Erschütterung von Autoritäten unternommen wurden, waren überaus erfolgreich.

Die Erfahrung mit neuen modernen Erziehungsstilen hat aber inzwischen zu einer gesellschaftlichen Krisenstimmung beigetragen und dazu geführt, sich neuerlich mit dem Thema Autorität zu beschäftigen. Es ist also keineswegs Nostalgie, nicht das Heraufbeschwören guter alter Zeiten, was heute dazu veranlasst, sich erneut dem Autoritätsbegriff zuzuwenden. Es sind vielmehr unübersehbare Krisenphänomene, die es dringend notwendig machen, neue Lösungswege zu beschreiten. Dazu wurde jüngst die Beziehungsform Autorität erneut auf den Prüfstand der Pädagogik gestellt: „Die Erschütterung der erzieherischen Autorität im Allgemeinen und der elterlichen im Besonderen während der letzten Jahrzehnte gilt als eine der entscheidenden Ursachen für den dramatischen Anstieg von Gewalt und Kriminalität unter Kindern und Jugendlichen. Heutzutage besteht in der Öffentlichkeit Konsens darüber, dass elterlicher und pädagogischer Autorität eine wichtige Bedeutung zukommen."[8] Es ist also die kritische Bestandsaufnahme eines Gewaltanstiegs, die jüngst auch Haim Omer und Arist von Schlippe dazu veranlasst hat, ein neues Autoritätsmodell vorzustellen, das der „heutigen pluralistischen und freiheitsliebenden Gesellschaft entspricht" (siehe Fußnote 8). Bevor eine Modernisierung des Autoritätsbegriffs versucht und ihre Nutzbarmachung für den polizeilichen Dienst beleuchtet wird, sollen über die Bestandsaufnahme der Autoren Omer und von

---

[5]Petersen (2011, S. 95).
[6]Petersen (2011, S. 94).
[7]Ein wichtiger Beitrag zur Bedeutung von Autorität während des Hitler-Faschismus erschien 1950; siehe Adorno (1993).
[8]Omer und von Schlippe (2010, S. 13).

Schlippe hinausgehend Modernisierungserscheinungen aufgezeigt werden, die das Autoritätsverständnis unserer Zeit beeinflusst haben. Daraus lassen sich dann konkrete Anforderungen an eine moderne Konzeption von Autorität ableiten.

3.1 Modernisierungserscheinungen

„[A]bnehmende Dominanz kultureller, religiöser und familialer Orientierungsmaßstäbe; zunehmendes Mißtrauen in die Funktionsfähigkeit der Demokratie; Verschärfung sozialer Ungleichheit; Ausgrenzung sozialer Gruppen; Rückzüge aus den Institutionen, Abwertung und Diskriminierung von ethnisch-kulturellen Minderheiten, Fragmentierung von Lebenszusammenhängen; Desintegrationsentwicklungen und Asymmetrien durch einen entfesselten Kapitalismus usw.", in dieser – hier einem Artikel von Bernhard Schäfers entnommenen – Auflistung gesellschaftlicher Fehlentwicklungen unterscheiden sich die Modernisierungstheoretiker nur geringfügig.[9] Eine frühe und präzise Kennzeichnung der Gesellschaft infolge weitreichender Modernisierungsschübe hat Ulrich Beck in seinem Buch „Die Risikogesellschaft" unter dem Stichwort ‚Individualisierung' vorgenommen.[10] Der zunächst positiv konnotierte Individualisierungsprozess, der als Emanzipationsleistung im Sinne der Aufklärung aus der Enge feudaler Zustände in die moderne Industriegesellschaft geführt hat, hat inzwischen Folgeerscheinungen sichtbar werden lassen, welche die mit ihm verbundenen Chancen für das Individuum gleichsam ins Gegenteil verkehren. Um die Ambivalenz zu verdeutlichen, stellt Beck die Individualisierung dreidimensional dar: Neben der ersten, der „Freisetzungsdimension", die dem Einzelnen Autonomie und soziale sowie geografische Mobilität verschafft und ihn von traditionalen Herrschafts- und Sozialformen entbindet, führt die zweite, die „Entzauberungsdimension" zu einem Verlust an traditionalen Sicherheiten „im Hinblick auf Handlungswissen, Glauben und leitende Normen" und zu einer dritten Dimension, einer neuen Art der sozialen

---

[9]Schäfers (1998, S. 3). Auch der Soziologe Wilhelm Heitmeyer hat sich eingehend mit Krisenerscheinungen der Gesellschaft am Ausgang des 20. Jahrhunderts auseinandergesetzt und seither den Weg der Gesellschaft in die Desintegration verfolgt. Seine umfassenden sozialkritischen Befunde deuten darauf hin, dass in nahezu allen gesellschaftlichen Bereichen wesentliche Schwächen der „regulierenden und gemeinschaftsbildenden Kräfte" der Gesellschaft zu erkennen sind. (Heitmeyer 1997, S. 2) Im Rückgriff auf das Anomiekonzept von Durkheim und Merton analysiert er das schwierige Verhältnis zwischen Autonomie und Integration infolge eines „überspitzten Individualismus" (Heitmeyer 1997, S. 2) Auswirkungen des Individualisierungsprozesses sind auch Grundlage der prominenten Gesellschaftsdiagnosen von Zygmunt Bauman, Anthony Giddens und Pierre Bourdieu.
[10]Vgl. Beck (1986).

Einbindung, die Beck „Kontroll- und Reintegrationsdimension" nennt.[11] Erst in dieser Dreidimensionalität erscheinen die sich mit der Individualisierung eröffnenden Freiheitschancen als „riskante Chancen"[12]. Denn der Errungenschaft individueller Freiheiten in Lebensentwurf und -gestaltung steht nun die Eigenverantwortlichkeit des Einzelnen gegenüber, der seine Lebensumstände im Falle des Scheiterns nicht mehr den einst schicksalhaft vorgegebenen widrigen sozial-ökonomischen Verhältnissen anzulasten vermag. Es sind im Folgenden eher die Schattenseiten der Individualisierung, die hier zur Sprache kommen sollen. Mit dem sich in der Moderne aufdrängendem Selbstverständnis, Konstrukteur und Akteur seines eigenen Welt- und Lebensentwurfs zu sein, wird das Individuum zudem durch eine Vielzahl von – teils institutionell standardisierten – Vorgaben kontrolliert und in seinem Freiheitsbegehren ausgebremst. Offenbar stehen die mit der Individualisierung einhergehenden subjektiven Bewusstseinsveränderungen – auch darauf weist Beck hin – im Widerspruch zu den objektiven Zwängen des „Arbeitsmarktes und der Konsumexistenz und der in ihnen enthaltenden Standardisierungen und Kontrollen".[13] In Krisenzeiten, die aus der Perspektive des Individuums eben nicht mehr durch gemeinschaftliche Benachteiligung entstehen, sondern quasi selbst gemacht sind und daher auch als individuelles Versagen erlebt werden, ist auch die Solidarisierung mit Schicksalsgefährten nicht mehr möglich. Die Risiken der ‚Individualisierung' stellen die gewonnenen Freiheiten längst schon in den Schatten. Die sich in der ersten Individualisierungsdimension vollziehende Veränderung im Bewusstsein des Subjekts wird durch die in der dritten Dimension sichtbaren objektiven Freiheitsbarrieren konterkariert, sodass – wie die zweite, die Entzauberungsdimension zeigt – das Individuum letztlich im Strudel seiner grenzenlosen Freiheit die Orientierung zu verlieren droht.[14] Die Enttraditionalisierung

---

[11] Beck (1986, S. 206).

[12] Vgl. u. a. Beck und Beck-Gernsheim (1990, S. 7).

[13] Beck und Beck-Gernsheim (1990, S. 207).

[14] Die Individualisierungsdynamik hat auch die Strukturen – der letzten dem Individuum gebliebenen Sozialbindung – der Partnerschaft und der Familie erheblich erschüttert: „Was bedeutet es, wenn im Zentrum des Alltags, nicht Religion, nicht Klasse, nicht materielle Not, auch nicht mehr die alten geschlechtsständischen Rollenmuster der Kleinfamilie stehen, sondern die Ansprüche auf Selbstentfaltung und das Ringen um neuer Liebes- und Lebensformen?" fragen die Autoren (Beck und Beck-Gernsheim 1990, S. 223). Denn darin tobt sich – wie Beck und Beck-Gernsheim eindrucksvoll gezeigt haben – heute die Ambivalenz der Individualisierung aus. „Menschen werden mit einer Gewalt, die sie selbst nicht begreifen und deren innerste Verkörperung sie bei aller Fremdheit, mit der sie über sie kommt, doch auch sie selbst sind, aus den Fassungen des Geschlechts, seinen ständischen Attributen und Vorgegebenheiten herausgelöst oder doch bis ins innerste der Seele hinein erschüttert" (Beck 1986, S. 175).

3.1 Modernisierungserscheinungen

wird vielerorts als Verlust spürbar: In einer traditionslosen säkularen Welt, die anstelle transzendenter Sinnangebote oder konkurrierender Ideologien nahezu nur noch die Marktorientierung des Konsums anzubieten vermag, verkehrt sich das Freiheitsstreben des Einzelnen zunehmend mehr in ein Streben nach Vergnügen. In der Konsumentenhaltung verliert sich der Einzelne in einer Flut von Waren, die ihn allenfalls seine kosmische Bindungslosigkeit vergessen lässt.[15] Der fortschreitende Individualisierungsprozess ist – ökonomisch formuliert – mittlerweile in eine gefährliche Schieflage von steigender Sinnnachfrage bei schrumpfendem Angebot geraten. Diese Marktlücke kann auch durch ein Überangebot an Vergnügungsmöglichkeiten nicht verdeckt werden. Der Freiheitsüberschuss, der durch das Fehlen von werthaften Sinnbezügen entsteht, wird zwar vielfach hedonistisch genutzt und in vergnügliche Freizeitaktivitäten umgesetzt, aber auch zunehmend mehr im Drogenrausch unterdrückt. Sämtliche Gegenbewegungen, auch die Wiederinstandsetzung von Tugenden wie Gemeinsinn und Selbstdisziplin, drohen auf die enormen Selbstentfaltungskräfte des autonom gewordenen Subjekts zu prallen. Die Anwendung bewährter Konfliktlösungsstrategien bietet in dieser Situation keinen Ausweg, sondern droht umgekehrt das Konfliktpotenzial noch zu erhöhen.

Einhergehend mit der Individualisierung hat sich auch die Einstellung gegenüber Autoritäten grundlegend verändert. Das auf Freiheit und Selbstbestimmung abonnierte Subjekt dürfte – so ist zu vermuten – eine deutlich distanzierte Haltung gegenüber Autoritätsansprüchen einnehmen. Im Zuge der dreifachen Modernisierung tritt Autorität, die dem alten Bestand traditioneller Beziehungsformen zugerechnet werden muss, in scharfem Kontrast zu gängigen Sozialformen. Wer Autoritätsverhältnisse z. B. im Elternhaus oder in der Schule propagiert oder die Bereitschaft zeigt, selbst Autoritäten anzuerkennen, gerät heute unter Rechtfertigungsdruck. Zudem ist davon auszugehen, dass zugleich auch seltener die Ambition besteht, selbst als Autoritätsperson in Erscheinung zu treten und eine Führungsaufgabe zu übernehmen.[16]

In einer weltweiten Erhebung zu Kulturunterschieden zwischen vierzig Nationen hat der niederländische Forscher Geert Hofstede auch die Machtdistanz als eine von fünf Kulturdimensionen untersucht. Sie beschreibt die Akzeptanz von Hierarchiestufen in einer Gesellschaft. Darin hat sich Deutschland 1991 mit einer relativ

---

[15] Vgl. dazu Bauman (2009b).

[16] Das trifft laut Bauman zumindest auf Autoritäten unter Managern zu: Während es vormals um die Berechtigung ging, „Menschen zu lenken", sind Manager heute gemäß dem Prinzip der Deregulierung „nicht mehr daran interessiert …, andere zu regulieren" (Bauman 2009a, S. 50 f.).

geringen Machdistanz, also einer geringen Akzeptanz von Hierarchiestufen, deutlich von Nationen wie Frankreich und China abgehoben. Im Ranking von zehn Nationen nimmt Deutschland vor Schweden den zweitniedrigsten Platz ein.[17] Dieses wenngleich nicht mehr ganz aktuelle Ergebnis markiert zumindest den Trend in der bundesrepublikanischen Bevölkerung, Hierarchiestrukturen eher mit Skepsis zu begegnen. Trifft das zu, dann wird auch die Autoritätsperson zur sozialen Randfigur der Gesellschaft. Nicht die distanzierte Über- bzw. Unterordnung, sondern Partnerschaftlichkeit gilt heute als die erstrebenswerte Beziehungsform. Mit dem modernen Anspruch aber, ungeachtet der Hierarchie möglichst unter Wahrung individueller Autonomierechte auf Augenhöhe zu kommunizieren, sind damit einerseits die wahren Machtstrukturen zwischen den Kommunizierenden keineswegs abgeschafft, sondern werden allenfalls verschleiert, und andererseits entstehen dysfunktionale Beziehungsformen, in denen für beide Parteien, sowohl für den tiefer als auch für den höher Stehenden Orientierungslosigkeit herrscht. Die ideale Vorstellung, mögliche auf Sachzwängen beruhende Rangunterschiede nicht mit über die Sachebene hinausgehenden Privilegien auszustatten,[18] widerspricht dem Wesen der Autorität. Sie kann, wenn sie sich in dieser Weise verstellen muss, nicht wirksam werden. Und der Anspruch, als Autorität zu gelten, lässt sich im Fortgang der dreifachen Modernisierung vermutlich noch schwieriger durchsetzen. Die Vorrangstellung einer Autorität gilt nämlich nicht mehr als hinlänglich durch einen Vorsprung an Wissen, an Fähigkeiten oder Besitz, durch die Würde eines Amtes oder einer anderen privilegierten Berufsposition und schon gar nicht aufgrund von Alter oder Charisma begründet. Auch der Nachweis solcher früher ausreichenden Autoritätsanerkennungsgründe erhebt eine Person keineswegs mehr automatisch in den Rang einer Autorität. Einerseits suggerieren nämlich die grenzenlosen Options- und Wahlmöglichkeiten dem Einzelnen, das eigene enorme Entwicklungspotenzial reiche so weit, sich jederzeit selbst durch besondere Leistungen hervortun zu können. Des Weiteren müsse schon der eigenen unverwechselbaren Persönlichkeit, das ergibt sich folgerichtig aus der Aufwertung des Individuellen, grundsätzlich ein besonderer Rangplatz zukommen, sodass – wenngleich unbeansprucht – in jedem individualisiertem Subjekt quasi eine potenzielle Autorität schlummert.

Trifft diese Einschätzung zu, dann ist die Nichtakzeptanz von Autoritäten ebenfalls nur als ein weiterer Ausdruck von Freiheit zu verstehen. Im Bewusstsein, nichts sein zu müssen und alles werden zu können, tritt auch die Autorität

---

[17]Vgl. Hofstede (1991).
[18]Siehe dazu die Gerechtigkeitstheorie Michael Walzer, der für eine strikte Trennung der Sphären der Gerechtigkeit plädiert (Walzer 1983).

als eine kontingente Erscheinung auf. Dass eine bestimmte Positionierung in der Gesellschaft nicht als Notwendigkeit, sondern bloß als eine Möglichkeit unter anderen verstanden wird, lässt alle Positionen und insbesondere die Überlegenheit beanspruchende Autorität als fragwürdig erscheinen. Ihr Anspruch kann demnach nicht unbedingt gelten, sondern ist Folge einer Wahlentscheidung, die immer auch anders hätte ausfallen können – eine Sichtweise, die auch das Karrieremodell nahelegt. Im Bewusstsein des Einzelnen werden Auf- oder Abstieg auf der Karriereleiter individuellen Wahlentscheidungen zugeschrieben. Der faktische Einfluss der dritten Individualisierungsdimension wird dabei meist ausgeblendet. Die Kontingenzerfahrung kommt besonders zum Tragen, wenn ein Autoritätsanspruch nicht aus einem Altersvorsprung resultiert, sondern wie z. B. bei Polizeibeamten Ergebnis einer Berufswahl ist. Dass sich grundsätzlich jeder in jeder Berufsposition selbst vorstellen kann, hätte man nur die entsprechende Karriere angestrebt, bietet auch dem polizeilichen Gegenüber die Möglichkeit, sich selbst als mit polizeilichen Machtbefugnissen ausgestattet zu imaginieren. Sofern man nur gewollt hätte, hätte man eben auch selbst Millionär oder Arzt oder Cowboy oder eben Polizist werden können. Vor diesem Hintergrund rücken Inhaber verschiedener gesellschaftlicher Positionen unabhängig von bestehenden Machtunterschieden in unmittelbare Nähe zueinander. Als eine Form von Wirklichkeitskonstruktion wird der Begriff der Autorität im Vergleich zu der früher mit ihm verbundenen Semantik verschwommen und vieldeutig. Autoritätsansprüche können demnach nicht mehr als Absolutheitsansprüche auftreten, sondern allenfalls relative Geltung haben.[19]

Die mit der Kontingenzerfahrung geschrumpfte Machtdistanz hat noch weitergehende Folgen: Bleiben in der Kommunikation beispielsweise zwischen Eltern und ihren Kindern oder zwischen Lehrern und Schülern die jeweiligen Hierarchieebenen ausgeblendet und der Anschein bestehen, auf allen Ebenen herrsche Gleichberechtigung, droht die ursprüngliche Asymmetrie sogar ins Gegenteil umzuschlagen: Eltern und Lehrer z. B. beklagen unter Bedingungen der Gleichberechtigung nicht nur mangelnden Respekt vonseiten der Kinder und Jugendlichen, sondern schlimmer noch: Schüler beleidigen, mobben oder erschießen gar ihre Lehrer und Kinder ignorieren nicht bloß elterliche Anordnungen, sondern setzen sich sogar gewaltsam gegen sie zur Wehr.

---

[19]Auswirkungen geringer Machtdistanz werden beispielsweise in der Berichterstattung zum Skandal um Christian Wulff besonders anschaulich, der unter dem Vorwurf der Vorteilsnahme als Staatsoberhaupt zum Medienopfer wurde. „Der erste Mann im Staat werde behandelt wie ein ‚korrupter Irgendwer'" – so kommentierte Hans-Ulrich Jörges im Magazin „Der Stern" den Politskandal (zit. n. Spiegel Online, Jörges 2011).

Auch für die Arbeit der Polizei, die in traditionalen Gesellschaften kraft ihres Amtes noch mit einem klaren Autoritätsanspruch versehen war, hat die geringe Machtdistanz erhebliche Auswirkungen. Erschwernisse des Polizeidienstes, die seit geraumer Zeit vielerorts beklagt werden, lassen sich auf dieses Phänomen zurückführen. Wie in der Schule und im Elternhaus herrscht auch hier nicht bloß ein Autoritätsmangel, sondern eine demonstrative Abwertung von Autorität. Häufig provoziert gerade der Polizeibeamte, der dem allgemeinen gesellschaftlichen Trend folgend entweder selbst auf Beanspruchung seiner Amtsautorität verzichtet oder seinen Autoritätsanspruch nicht durchzusetzen vermag, das polizeiliche Gegenüber zur radikalen Selbstermächtigung. Damit kehren sich die Verhältnisse um. Polizei und ihre Klientel agieren dann – anders als früher – quasi unter umgekehrten Vorzeichen. Trotz umfassender Anordnungsbefugnisse erfährt sich die Polizei nicht als überlegene Ordnungsmacht, sondern sieht sich mit Geltungsansprüchen konfrontiert, deren Durchsetzung oft zum massiven Einsatz von Gewalt ausartet. Wie dramatisch sich diese auf den Kopf gestellten Verhältnisse in der Realität zuspitzen können, hat unlängst ein Polizeibeamter nach einem ‚Blockupy-Einsatz' in Frankfurt zum Ausdruck gebracht. Im Zuge der Proteste gegen die Einweihung des Neubaus der europäischen Zentralbank wurden ein Polizeirevier sowie mehrere Polizeifahrzeuge in Brand gesetzt, sodass für einige Beamte akute Lebensgefahr bestand: Er habe eine „Mischung aus Wut, Angst, Entsetzen und Fassungslosigkeit" gespürt.[20] Man werde „zu Sachobjekten degradiert" und sei „nicht mehr wert als das Fahrzeug, das in Brand gesetzt wird".[21] Was der Polizeibeamte hier vor allem beklagt, ist die Geringschätzung seines Berufsstandes: „Man hält seinen Kopf für dieses System, diesen Staat, für die anderen Bürger hin. Aber die Wertschätzung fehlt" (siehe Fußnote 21).

Nun handelt es sich hierbei sicherlich um eine Grenzerfahrung, die nicht verallgemeinert werden kann. Verallgemeinert werden kann aber die darin unterschwellig zum Ausdruck kommende allgemeine Missachtung und Geringschätzung gegenüber allen gesellschaftlichen Instanzen, die über ausreichend Macht verfügen, durch das Oktroyieren von Verhaltensmaßregeln und anderen Vorschriften Autonomieansprüche des Individuums zu beschneiden. Diese Grundhaltung macht sich – wie andernorts immer wieder aus dem Polizeidienst berichtet wird – bei vielen Einsätzen der Polizei und ganz besonders bei Großlagen wie Versammlungen oder Fußballeinsätzen atmosphärisch bemerkbar.

---

[20]Polizist über Blockupy-Einsatz, Frankfurter Allgemeine Zeitung (FAZ) v. 22.03.2015.
[21]FAZ 2015.

3.1 Modernisierungserscheinungen

Zu beobachten ist aber auch eine gegenläufige Entwicklung, die zeigt, wie die Ambivalenz der Individualisierung auf die Autoritätseinstellung abgefärbt hat: Ablehnung von Autorität und Verlangen nach Autorität gehen offenbar miteinander einher. Für das auf sich selbst fixierte Individuum, das im „Unbehagen an zu viel Freiheit" die unbegrenzten Wahlmöglichkeiten zunehmend auch als Schattenseite der Moderne erlebt,[22] können nämlich die in anderen traditionsverhafteten Kulturen noch anerkannten Autoritäten durchaus Attraktivität gewinnen. Möglicherweise liegt hierin mit ein Grund dafür, dass viele Jugendliche und junge Erwachsene den Anschluss an islamistisch-terroristische Vereinigungen suchen.[23] Im Wunsch nach Stabilität bietet sich die funktionierende Hierarchie einer religiös geprägten Gemeinschaft offenbar einigen Individualisierungsflüchtlingen als Ausweg an. Das mag besonders auf die zunehmende Zahl von „Individualisierungsverlierern" zutreffen, die „Angst vor dem sozialen Abstieg, … vor dem Scheitern des eigenen Individualisierungsbemühens … und vor Repression und Konsumverzicht" haben.[24] Für diejenigen, die weniger darin begabt sind, Lebenssinn im ‚Do-it-yourself-Verfahren' selbst zu konstruieren, stehen ausreichend Randgruppierungen zur Verfügung, die unterkomplexe Selfmade-Ideologien bereitstellen. Es darf vermutet werden, dass auch die Hooligans, Ultras und Rockerbanden wie die Hells Angels und andere Subkulturen nicht trotz, sondern gerade wegen ihrer hierarchischen Struktur auf Individualisierungsverlierer eine besondere Anziehungskraft ausüben. Denn in solchen sozialen Nischen, in denen Brauchtum gepflegt wird oder zumindest klare Unter- und Überordnungsverhältnisse herrschen, hat auch die Autorität überlebt. Zwar sind Terroristen, Hooligans & Co denkbar ungeeignet, um für die Wiederinstandsetzung von Autorität zu werben, ablesen lässt sich aber an diesen regressiven Erscheinungsformen ein wachsender Bedarf an Orientierungshilfe und Anerkennung, wobei eine vertikale Stufung von asymmetrischen Beziehungen als entlastend und somit positiv bewertet wird. Um möglichen Missverständnissen vorzubeugen: dieser hier rein deskriptiv dargestellte Zusammenhang versteht sich selbstverständlich nicht als Empfehlung, Modernisierungsprobleme gleichsam nach dem Vorbild der Hells Angels durch Wiederaufbau herrschaftlicher Strukturen zu lösen. Die knappe Bestandaufnahme soll lediglich zeigen, welcher Stellenwert Autorität als eine

---

[22]Junge (2008, S. 90).

[23]Vgl. hierzu u. a. auch die Untersuchung von Hans-Thomas Spohrer, der ein an Freuds Instanzenmodell angelehnter sozialisationstheoretischer Erklärungsansatz zugrunde liegt (Spohrer 2002, S. 183–195).

[24]Junge (2008, S. 92 f.).

traditionsverhaftete Sozialbeziehung in der sozial veränderten Welt noch zukommt. Vorerst festzuhalten ist: Als eine unter vielen Beziehungsoptionen geistert Autorität durchaus noch durch die Köpfe des postmodernen Menschen und taucht in besonders gespenstischer Form in den Köpfen von Einzelgängern oder in sozialen Randgruppen der Gesellschaft auf. Grund dafür ist der enorm gestiegene Bedarf an Orientierung bei individualisierungsdynamischer Abnahme an Orientierungshilfen in Zeiten um sich greifender Angst, vom Individualisierungsgewinner zum -verlierer zu werden.[25]

---

[25]Vgl. Junge (2008, S. 93).

Autorität als Deeskalationsstrategie 4

Welche Voraussetzungen müssen erfüllt sein, um Autorität als modernes Muster sozialer Beziehungen empfehlen zu können? Schon bei der Bestimmung allgemeiner Merkmale von Autorität fällt auf, dass der Begriff nicht recht in das Beziehungsgefüge moderner Interaktion hineinpasst. Wie eine Modernisierung des Begriffs gelingen kann, soll im Rahmen der Systemtheorie skizziert werden.

Unter Zuhilfenahme einiger Werkzeuge der Systemtheorie kann Autorität aus veralteten semantischen Bedeutungskontexten herausgelöst und unter rein zweckrationalen Gesichtspunkten als ein Instrument zur Stärkung polizeilicher Sozialkompetenz installiert werden. Die zentrale Frage muss dann lauten: Welche Funktion kann Autorität im sozialen System haben?[1] Autorität funktional aufzufassen, bietet einige Vorteile: Es führt nämlich zur Entlastung von diffusen moralischen, idealisierenden und mystifizierenden Vorstellungen, die der Autorität aus historischen Kontexten anhaften, und ermöglicht somit den Blick darauf zu richten, wie eine pragmatische Anpassung dieser Sozialform an gesellschaftliche Notwendigkeiten denkbar ist. Autorität wird von Erwartungen entlastet, die im Blick auf althergebrachte Autoritätsfiguren bislang mit ihr verbunden waren. Unter funktionalen Gesichtspunkten lässt sich das Verständnis von Autorität aus der Begriffsfamilie Herrschaft, Macht und Gewalt herauslösen, sodass sie nicht länger mit der konsensfernen und unzeitgemäßen Umgangsform von Befehl und Gehorsam assoziiert wird. Derart aus dem historischen Kontext herausgelöst kann der obsolete Begriff ‚Autorität' überhaupt erst Kontur gewinnen. In funktionaler Hinsicht erscheint dann die üblicherweise in das Autoritätsverhältnis hineinprojizierte und

---

[1]Die Ausführungen zur Systemtheorie erfolgen analog zu der systemtheoretischen Betrachtung von Luhmann zur „Liebe" (vgl. Luhmann 1984).

als anachronistisch geltende Asymmetrie zwischen Befehlendem und Befehlsempfänger, zwischen Herrschendem und Beherrschtem zunächst einmal nur als ein ihm eigenes Strukturelement möglicher Einflussnahme.

Auf eine vollständige Übersetzung der leitenden Fragestellung in die systemtheoretische Sprache darf hier verzichtet werden: In systemtheoretischer Hinsicht müsste sich Autorität in der modernen funktional differenzierten Gesellschaft als ein Kommunikationsmedium anbieten, das – losgelöst von sozial-historisch geprägten Vorurteilen – eine bestimmte Art der Problemlösung anbietet.

4.1 Stärke statt Macht

Auf der Suche nach möglichen Problemlösungsstrategien nähern sich auch die Autoren Omer und von Schlippe der Erscheinungsform Autorität. Ihre – nicht in Begriffen des Systemfunktionalismus aber doch in zweckrationaler Absicht verfasste – Neukonzeption von Autorität ist inhaltlich zwischen der längst verabschiedeten autoritären Pädagogik früherer Zeiten und dem antiautoritären permissiven Erziehungsstil, der sich in den 60er und 70er Jahren durchsetzen konnte, zu positionieren. Nachdem sich diese beiden Konzeptionen als untauglich erwiesen haben, soll mit einem neuen Autoritätsverständnis, „die Polarisierung zwischen dem ‚Entweder' der Disziplin und dem ‚Oder' der Partnerschaftlichkeit" vermieden werden.[2] Aus mehreren Gründen erscheint es lohnenswert, sich einmal kurz mit diesem in der Pädagogik angesiedelten Autoritätsentwurf zu beschäftigen, wobei auf eine gründliche Darstellung der überaus inspirierenden Arbeit von Omer und von Schlippe hier verzichtet werden muss. Der wichtigste Grund für eine kurze interdisziplinäre Umschau betrifft den Adressatenkreis der Pädagogik. Der vermeintlich polizeiferne Blick ins Elternhaus und in die Schule richtet sich nämlich letztlich auf ein und die gleiche Klientel, die im Laufe ihres Sozialisationsprozesses meist nur etwas später gelegentlich in den Fokus der Polizei gerät. Frühe Defizite im Sozialisationsprozess bilden das spätere Konfliktpotenzial. Und umgekehrt gilt: Von positiven Sozialisationseffekten kann später die Gesellschaft, z. B. die Polizei profitieren. In dieser Logik meint, wer aktuell von Autoritätsverlust redet, die Erschütterung eines heute nicht mehr moralisch vertretbaren Autoritätsverständnisses früherer Zeiten, das auf Unfehlbarkeit einer Autoritätsperson und unbedingtem Gehorsam eines Autoritätshörigen basierte und das in strengen Elternhäusern und Schulen über Generationen hinweg erlernt

---

[2]Omer und von Schlippe (2010, S. 28).

4.1 Stärke statt Macht

wurde.[3] Der im Elternhaus beginnende Sozialisationsprozess war häufig durch einen Erziehungsstil geprägt, der den Grundstein für darauf aufbauende Autoritätsanerkenntnisse gelegt hat. Die biografisch frühe Internalisierung dieser Autoritätsauffassung hat – sofern sie glückte – nicht nur die Arbeit der Polizei, sondern auch die anderer Berufsstände, z. B. von Offizieren, Ärzten, Richtern und Pfarrern bzw. Priestern[4] unterstützt. Von moralischen Maßstäben hier einmal ganz abgesehen, erleichterte doch die strenge Erziehung auch der Polizei, sich in der Bevölkerung als Amtsautorität zu präsentieren und anerkannt zu werden.[5] Und die gleiche Kausalität im Zusammenspiel von Erziehern und Polizei hat dazu geführt, dass die in der emanzipatorischen Pädagogik seit den 60er und 70er Jahren eingeleitete sanfte Wende nun in anderer Weise auf die Polizeiarbeit abfärbt.

Mit ihrer Neukonzeption von Autorität haben die Autoren auf die Ratlosigkeit reagiert, die sich seit geraumer Zeit im Experimentieren mit verschiedenen Erziehungsstilen in der Familie und Schule breit gemacht hat. Wie sich schon zu Beginn der 80er Jahren zeigte, wiesen Kinder und Jugendliche, „die in einer antiautoritären oder permissiven Atmosphäre aufwuchsen … hohe Grade an Aggression, Schulabbruch, Drogenkonsum und Promiskuität auf".[6] Diese Forschungsergebnisse stimmen mit den Erfahrungen der Polizei im Bereich von Jugenddelinquenz und jugendlichem Risikoverhalten überein. Es ist davon auszugehen, dass solche Defizite aufgrund falscher Erziehung häufig auch Ursache gewaltsamer Konflikte zwischen Polizei und Jugendlichen sind. Diese Notlage von Eltern, Lehrern und anderen Erziehungspersonen, die offensichtlich sowohl mit autoritären als auch antiautoritären Konzepten gescheitert sind, haben Omer und von Schlippe dazu veranlasst, sich erneut mit Autorität auseinanderzusetzen. In dieser Notlage befinden sich aber auch Polizisten, deren spezielle Aufgabenstellung im präventiven

---

[3]Omer und von Schlippe (2010, S. 24).
[4]Der Ansehensverlust der althergebrachten priesterlichen Autorität durch die jüngst bekannt gewordenen kirchlichen Missbrauchsfälle ist ein neuerlicher Beleg für die Obsoletheit des väterlichen Prinzips, „das den monarchischen Landesherrn wie den Hausvater in der Familie als Spiegelungen des himmlischen Vatergottes begreift" (Schönberger 2010, S. 41).
[5]Bei der Abgrenzung ihres Autoritätsbegriffs von der „Autorität früherer Zeiten" wird bei Omer und von Schlippe gelegentlich die Unterscheidung zwischen Autorität, Macht bzw. Zwang unscharf. Denn wenn erst das „harte Durchgreifen" im Falle von Widerstand gegen die Autorität zu teils gewaltsamen Machtproben führt – wie die Autoren betonen –, ist Autorität gar nicht mehr vorhanden, sondern hat vorher bereits versagt. Autorität, die sich erst im Machtkampf durchsetzen muss, um Bestand zu haben, bezeichnet schon eine andere Beziehungsform –, eine die eben auf Zwang statt auf Freiwilligkeit basiert (vgl. dazu Omer und von Schlippe 2010, S. 36 f.).
[6]Omer und von Schlippe (2010, S. 26).

wie im repressiven Bereich noch wesentlich mehr Konfliktpotenzial bereithält. Schon bei Bagatelldelikten bzw. bei verdachtsunabhängigen Personenkontrollen von Jugendlichen auf Plätzen, in Parks oder an Bahnhöfen oder bei Ruhestörungen oder Streitigkeiten, sehen sich Polizeibeamte häufig Provokationen ausgesetzt, denen sie mit einer Mischung aus „Dominanz und Nachgiebigkeit" begegnen – so beschreibt Daniela Hunold treffend polizeiliches Vorgehen im Umgang mit Jugendlichen.[7] Einerseits soll die „Autorität aufrechterhalten" und andererseits soll Unterstützung angeboten werden (siehe Fußnote 7). Während in diesem Spannungsfeld viele Reaktionsweisen und Erfahrungen mit denen von Eltern und Lehrern übereinstimmen, steht die Polizei bei jugendlichen Gewaltkriminellen vor ungleich größeren Herausforderungen. Eine „schleichende Brutalisierung in den Köpfen vieler Kinder und Jugendlicher", die die Jugendrichterin Kirsten Heisig beklagt, ist auch aus polizeilicher Sicht erkennbar.[8] Die im Schutzauftrag wahrzunehmenden erzieherischen und polizeilichen Aufgaben gegenüber jungen Menschen sind durchaus vergleichbar. Wo aber Kinder und Jugendliche nicht als Gefährdete, sondern als Gefährdende in Erscheinung treten, unterscheiden sich pädagogische erheblich von polizeilichen Interessen. Dann kann Polizei nicht mehr als empathischer Dienstleister, sondern muss als Kontroll- und Strafverfolgungsbehörde eingreifen. Wenngleich die Ausführungen von Omer und von Schlippe zur Wiederinstandsetzung moralisch-erzieherischer Autorität nicht an Polizeibeamte adressiert sind, lassen sich doch gewisse Empfehlungen für eine polizeifunktionale Autorität adaptieren.

Der Begriff der Präsenz, der in der pädagogischen Neukonzeption eine zentrale Rolle spielt, ist zwar nicht umstandslos auf den Polizeidienst zu übertragen, kann aber durchaus in Analogie zur verstärkten Lehrerpräsenz als Leitmaxime Berücksichtigung finden. Während in patriarchalischen Strukturen die Autoritätsperson durch Distanz und häufige Abwesenheit beeindrucken konnte, ist heute nicht nur im Klassenzimmer, sondern auch allgemein im öffentlichen Raum erstrebenswert, dass eine Präsenz von Stärke durch Polizeibeamte nicht mit Macht und Unterdrückung, sondern mit einer Form von Autorität assoziiert wird, die sich als zugänglich und verständigungsorientiert vermittelt.[9]

In eine Falle tappt die Autoritätsperson, die eine Ehrverletzung als Autoritätsverlust bewertet und zur Wiederherstellung oder Aufrechterhaltung der Ehre Vergeltungsmaßnahmen ergreift. Bei der Verletzung des Ehrgefühls soll das „Konzept

---

[7]Hunold (2011, S. 174 f.).
[8]Heisig (2010, S. 9).
[9]Vgl. Omer und von Schlippe (2010, S. 28 ff.).

4.1 Stärke statt Macht

des gewaltfreien Widerstands" greifen, das sich durchaus auch für Polizeibeamte im Umgang mit Kindern und Jugendlichen empfiehlt: Auch Polizisten erleben die Anwendung von Zwang, sofern er nicht aus rechtlicher Sicht notwendig ist, als ambivalent.[10] „Eine Autoritätsperson fühlt sich gerade dann schlecht, wenn sie sich zu einer heftigen Reaktion als Vergeltung auf eine Provokation hinreißen lässt".[11] Selbstbeherrschung und „gewaltfreier Widerstand" nach dem Vorbild des indischen Revolutionärs Mahatma Gandhi können diese Wahrnehmung verhindern und der Autoritätsperson ermöglichen, sich selbst „aus ihren eigenen Handlungen heraus" zu bestätigen.[12]

Mit der Neukonzeption von Autorität soll – so kann man das Anliegen von Omer und von Schlippe zusammenfassen – die „Befreiung der Autoritätsperson aus dem Gefühl des Zwangs und der Einengung in Bezug auf Raum, Zeit, Vergeltungspflicht und Kontrollausübung" gelingen (siehe Fußnote 12). Das raumzeitliche Aufschieben von Maßnahmen ist im Polizeialltag nur bedingt möglich, eine weitere Empfehlung der Autoren ist aber auch in polizeilichen Kontexten praktizierbar und wird insbesondere in der Präventionsarbeit bereits umgesetzt: Ein „unterstützendes Netzwerk", zu dem sich nicht nur Eltern, Lehrer und andere Erziehungsbeauftragte zusammenschließen, sondern in das auch ein ‚Gemeindepolizist'[13] eingebunden werden sollte, kann den Einfluss der Autorität stärken. Die im Konfliktfall vormals oft in Isolation agierende Autorität geriet in Versuchung, Gehorsam durch einen „erlösenden Befreiungsschlag" zu erzwingen.[14] Statt der üblichen Drohgebärden soll „Autorität als Netzwerk" in Verbindung mit dem Konzept der Präsenz Deeskalation durch „Beharrlichkeit, Aufschub und Wiedergutmachung" bewirken.[15] Erfahrungsgemäß gewinnt ebenso polizeiliche Autorität an Einfluss, wenn sie kollegiale oder anderweitige Unterstützung erfährt.

Andere praxisnahe Handlungsanleitungen der Autoren richten sich unmittelbar an Personen, die einen Erziehungsauftrag wahrnehmen, und werden hier nicht weiter verfolgt. Wenngleich nur einige dieser neuen Merkmale einer auf „Stärke statt Macht"[16] basierenden Autorität auf den neu zu entwickelnden polizeifunktionalen

---

[10]Vgl. dazu und insgesamt zur Autorität von Polizei im Umgang mit Jugendlichen Hunold (2011, S. 175).
[11]Omer und von Schlippe (2010, S. 63).
[12]Omer und von Schlippe (2010, S. 62 f.).
[13]Die von den Autoren allgemein einem Gemeindepolizisten zugewiesenen Aufgaben werden in vielen Bundesländern von polizeilichen Jugendsachbearbeitern wahrgenommen.
[14]Omer und von Schlippe (2010, S. 55).
[15]Omer und von Schlippe (2010, S. 316 und 54).
[16]Titel der Monografie von Omer und von Schlippe.

Abb. 4.1 Traditionelle und moderne Autorität. (Quelle: Eigene Darstellung ©vom Hau)

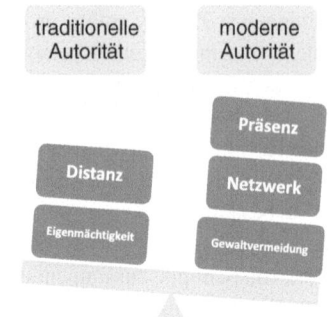

Autoritätsbegriff übertragbar sind, so besteht zwischen dem pädagogischen und dem polizeilichen Rekurs auf Autorität doch Einigkeit darüber, welche Autoritätsmerkmale heute als unzeitgemäß gelten und entsprechend auch im diametralen Gegensatz zum Leitbild der Polizei stehen (s. Abb. 4.1).

Diese von Omer und von Schlippe vorgelegte Neukonzeption von Autorität bedarf nun einer anderen Schwerpunktsetzung und pragmatischen Ausrichtung. Dazu bietet sich an, noch einmal in die Sprache der Systemtheorie zu wechseln: Aufgrund ihrer gesellschaftlichen Funktion, für die Aufrechterhaltung der öffentlichen Sicherheit und Ordnung Sorge zu tragen, muss sich die Polizei eigener funktionsspezifischer Kommunikationsmedien bedienen, die sich von denen anderer Funktionssysteme unterscheiden. Anders als im Subsystem Erziehung, wo die Kommunikation am Karrierewert gemessen wird, ist im Funktionssystem Polizei die Aufrechterhaltung von Sicherheit und Ordnung die zentrale Bezugsgröße aller Operationen. Während also im Erziehungssystem auch Autorität gemäß der subsystemeigenen binären Codierung zwischen karriereförderlich und karrierehinderlich darstellbar wird, ist die Funktionalität von Autorität im Subsystem Polizei nur innerhalb der binären Codierung zwischen ordnungserhaltend bzw. ordnungsgefährdend reflektierbar. Über den systemspezifischen Code werden die ‚Wahrnehmungen' eines Subsystems jeweils selektiert. Das heißt: Für die Polizei kann nur Relevanz gewinnen, was sich innerhalb ihrer Codierung darstellen bzw. was sich codegerecht übersetzen lässt. So werden z. B. verschiedene Eindrücke während einer Streifendienstfahrt über den Codewert qualifiziert: Der Informationswert eines Sonderangebots im Schaufenster, eines Radiogesprächs über die Entstehung des Bewusstseins, der Plakatankündigung

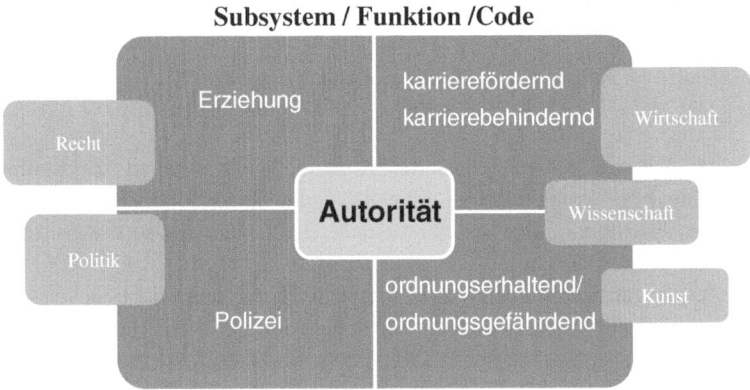

Abb. 4.2 Gesellschaftliche Subsysteme und Kodierungen. (Quelle: Eigene Darstellung ©vom Hau)

einer Cranachausstellung in Weimar ist unter polizeifunktionalen Gesichtspunkten gleich null. Während nämlich das polizeiliche Funktionssystem für Leitwerte wie Besitz, Wahrheit oder Ästhetik unempfänglich ist, steigt bei Polizisten im Streifenwagen die Resonanzfähigkeit, wenn sie beispielsweise auf ein auswärtiges Kennzeichen stoßen. Und wenn die Männer in dem Fahrzeug Ähnlichkeit mit Fahndungsfotos aufweisen, dann wird der systemeigene Code wirksam und beginnt die weitere Informationsverarbeitung zu kanalisieren. Im funktionalen Zusammenhang von Polizei und Autorität, welche moralisch zwischen Achtung und Missachtung codiert wird, fällt die Aufrechterhaltung von Sicherheit und Ordnung mit der Anerkennung von polizeilicher Autorität und umgekehrt die Gefährdungslage mit Autoritätsmissachtung zusammen. In dieser logischen Verzahnung beider Codes kündigt sich durch den Verlust bzw. die Ablehnung von Autorität auch eine Sicherheits- bzw. Ordnungsgefährdung an. Nun hat sich längst gezeigt, dass bereits das Einfordern von Autorität im Polizeisystem dysfunktional, nämlich auf die öffentliche Ordnung destabilisierend wirkt. Es sind die veralteten Autoritätsvorstellungen, die offenbar der Funktionsweise der Polizei nicht mehr entsprechen, sondern diese behindern. Der Neuentwurf der Autoritätsbeziehung zwischen Polizei und Bürger muss deshalb auf die Optimierung des Codewerts im Funktionssystem Polizei abzielen (s. Abb. 4.2).

4.2 Autorität gegen Gewalt

2. These: Im Kontakt zwischen Bürgern und Polizei besteht ein Zusammenhang zwischen der Abnahme von Autorität und einer Zunahme an Gewalt.

Wie sich Autorität als modernisiertes Kommunikationsmedium zur Konfliktvermeidung bzw. Problemlösung sinnvoll in die polizeiliche Operationsweise integrieren lässt, ergibt sich aus der besonderen Funktionsweise der Polizei im Verhältnis zu ihrer Klientel.

In Zeiten geringer Machtdistanz, in denen Hierarchien nicht mehr fraglos akzeptiert sind und nicht mehr offen zur Erscheinung kommen dürfen, gerät die Polizei gegenüber anderen Autoritätsanwärtern wie z. B. Lehrern und Erziehern durch ihre besonderen exekutiven Aufgaben in eine missliche Lage. Ihr gelingt es nämlich nur bedingt, allenfalls auf konfliktarmen Einsatzfeldern, ihre Machtdisposition zu kaschieren. Ihre kapitale Aufgabe, das Gewaltmonopol des Staates zu exekutieren, verleiht ihr diese exponierte Sonderstellung in der Gesellschaft. Das ihr damit auferlegte asymmetrische Anordnungs- bzw. Befolgungsverhältnis gegenüber dem Bürger schafft einen konfliktträchtigen Gegensatz zu dem Autonomieanspruch des aus jeglichen Zwängen freigesetzten Individuums. Als Staatsgewalt ist die Polizei aber beauftragt, die Grenzen zu markieren, innerhalb derer die freie individuelle Entfaltung realistisch erscheint. In ihrem Wirkungsradius stört sie dabei subjektive Freiheitsbedürfnisse und konfrontiert sie mit der Realität objektiver Freiheitsbeschränkungen. Innerhalb der von Ulrich Beck beschriebenen Reintegrations- und Kontrolldimension maßregelt die Polizei als Kontroll- und Regulationsbehörde den Individualisierungsprozess, indem sie für die Aufrechterhaltung der gesellschaftlichen Rahmenbedingungen Sorge trägt. Damit hat der gesellschaftliche Wandel auch die Rolle der Polizei in der Gesellschaft verändert und innerhalb der Organisation zu einer Neuorientierung der polizeilichen Arbeitsweise veranlasst. Das Bestreben, sich phänotypisch den Gepflogenheiten der „entfesselten Moderne" anzupassen und statt als Staatsgewalt nun als dienstleistende Bürgerpolizei mit eigener am Kunden orientierter Unternehmenskultur aufzutreten, wurde im Diskurs über Polizeikultur bereits vielfach kritisiert und besonders provokativ von Rafael Behr: „Eine Organisation, die heute als Kommunikationspartner für Bürgerinteressen auftritt, morgen aber wieder einen Castor-Transport durch Deutschland peitscht, hat ein Problem mit ihrem Selbstverständnis."[17]

---

[17]Behr (2006a, S. 178).

4.2 Autorität gegen Gewalt

Die hierin sichtbar werdende Riss zwischen dem Anspruch der in Leitbildern formulierten Polizeikultur und der ‚Cop-Culture'-Wirklichkeit, den Rafael Behr und mittlerweile auch andere Polizeiforscher gründlich beschrieben haben, stellt aber kein polizeispezifisches Problem dar, sondern zieht sich durch die gesamte Gesellschaft. Dort macht er sich biografisch in den unterschiedlichsten Lebensentwürfen und -vollzügen der Individuen bemerkbar, deren Wunschvorstellungen in der Realität durch die Abhängigkeit vom Arbeits- und Konsummarkt, von Bildungseinrichtungen, von sozial-rechtlichen Reglungen usw. scheitern. Anspruch und Wirklichkeit fallen hier wie dort auseinander. In der Polizei wie auch in der sozialen Wirklichkeit des Individuums ist die Umsetzung von Leitbildern nicht eins zu eins realisierbar. Während im Polizeibetrieb das Auseinanderfallen von idealer und realer Sphäre offen zutage tritt, sind Hemmnisse und Barrieren in der Gesamtgesellschaft nur aus je eigner subjektiver Perspektive als individuell besondere Symptomatik spürbar. Von oben betrachtet tritt die Ambivalenz der Modernisierung individualisiert in Erscheinung, sodass ihre Auswirkungen von unten betrachtet jeweils dem eigenen Lebenslauf zugeschrieben werden. Mögliche Adressaten für Beschwerden treten dem Einzelnen in modernisierter, nämlich scheinbar hierarchiefreier Gestalt gegenüber. Denn unter Bedingungen weitgehender horizontaler Gleichstellung verzichten Regulations- und Kontrollinstanzen auch dort, wo sie individuelle Freiheitsbestrebungen stören oder blockieren, auf Machtdistanz und bieten somit keine Reibungsfläche für die Durchsetzung individueller Autonomieansprüche. Als Dienstleister für den Bürger ist auch die Polizei bemüht, ihrer überindividualisierten Klientel auf der Horizontalen zu begegnen, gerät dadurch aber systembedingt permanent in den Zwiespalt zwischen einer leitbildorientierten und einer faktisch maßregelnden ‚Cop-Culture'-Polizei. Die in der Gesamtgesellschaft meist latent bleibenden institutionellen Freiheitsbeschränkungen werden im Polizeivollzug manifest. Das zeigt sich auch im Bedeutungskontext digitaler Medien: Gegen die ständig wachsende Komplexität der Gesellschaft bieten sich digitale Medien zur Komplexitätsreduktion an. Smartphone, Tablet und ähnliche Technologien ermöglichen dem Einzelnen, seinen Weltzugang auf eine erträgliche, individualisierte Miniatur-Wirklichkeit zurechtzustutzen. Durch diese dem individuellem Sehbedarf angepasste Brille wird die hochkomplexe Welt in ein übersichtliches Display gepresst, das auch die unüberschaubare Warenwelt auf ein Tante-Emma-Laden-Format zurechtschrumpft. Die soziale Präsenz des Einzelnen reduziert sich zunehmend mehr auf seine selbstbestimmte Erreichbarkeit in digitalen Netzwerken. In der unüberschaubar gewordenen Welt bietet der in Smartphone und Tablet gebotene Wirklichkeitsausschnitt in Form von ‚Apps' schon ein vorstrukturiertes und individuell zu überarbeitendes Menü an, wodurch nutzergerecht proportionierte Bruchstück-Wirklichkeiten gleichsam auf Knopfdruck ein- und ausgeschaltet werden können. Ungewollte ambivalente Begleiterscheinungen der Individualisierung werden somit verdeckt oder zumindest verkleinert. Was unerwünscht ist, wird ‚weggeklickt'. Im öffentlichen Raum sind Menschen daher physisch oft nur noch mit gesenktem Kopf und Blick auf ein Display oder einen Bildschirm anwesend, um in den Großstädten und den Vorstädten der nur noch teils ländlichen Regionen Verkehrsströme und sich wälzende Menschenmengen auszublenden. Inzwischen lassen sich die meisten gewollten, aber auch die ungewollten, unumgänglichen Kommunikationen mit der Außenwelt digitalisieren. Doch während man sich per Netz mit Waren, mit Sozialkontakten, mit Sex, Medien und anderen Kulturgütern und mit Informationen versorgt, digital die Steuererklärung erledigt, Reisen und Arzttermine bucht, sogar Bildungsabschlüsse erwirbt, lassen sich Konflikte mit der Polizei selten digital erledigen. Die digitalen Medien sind zwar auch im Polizeidienst längst unverzichtbar, können aber in vielen Fällen z. B. bei allgemeinen Kontrollen, in Vernehmungen und Befragungen von Opfern, Zeugen oder Tatverdächtigen meist nicht die konventionelle Face-to-Face-Kommunikation ersetzen. Für die Polizeiklientel gilt im Konfliktfall: Die Polizei lässt sich nicht wegklicken. Auch hierin wird die Sonderstellung der Polizei in der Gesellschaft sichtbar.

Um funktionsfähig zu bleiben, kann die Polizei aber auf einen starken Rückhalt in der Bevölkerung nicht verzichten. Als Ausweg aus diesem Dilemma kann eine polizeifunktionale Autorität nur zu einer symptomatischen Behandlung auf verschiedenen Konfliktfeldern anleiten. Eine fundamentale Neuausrichtung der Institution Polizei, die sich in Nachahmung anderer Funktionssysteme wie Wirtschaft, Politik, Kunstbetrieb und Wissenschaft u. a. entweder weitestgehend kooperativ in das Institutionengeflecht einbinden oder zumindest den Anschein horizontaler Gleichstellung vorspiegeln müsste, hätte im ersten Fall erhebliche Auswirkungen auf ihre Funktionsfähigkeit oder im zweiten Fall einen Verlust ihrer Glaubwürdigkeit in Kauf zu nehmen. Eine dem gesellschaftlichen Wandel folgende Modernisierung der Polizei kann folglich nur in der Praxis gleichsam kosmetisch erfolgen, in dem je nach Codewert auf der Gefährdungsskala fall- und klienteladäquate Handlungsmuster zur Wahl gestellt werden. So verstanden muss polizeifunktionale Autorität bürgerpolizeiliches wieder mit staatspolizeilichem Auftreten uniformieren. Unter den bürgerpolizeilichen und den staatspolizeilichen Verhaltenstypen steht als Extrem auf der einen Seite der möglichst gewaltabstinente Polizeibeamte als ‚Freund und Helfer' mit ausgestreckter Hand, der sich weniger über maskuline Attribute, als vielmehr durch feminine Soft Skills wie Frustrationstoleranz und Empathie für den Polizeiberuf qualifiziert, während als Extrem der anderen Seite der maskuline Polizist als kämpferischer stets gewaltbereiter ‚Krieger nach

4.2 Autorität gegen Gewalt

Abb. 4.3 Dysfunktionales polizeiliches Auftreten zwischen Leitbild und Cop-Culture. (Quelle: Eigene Darstellung ©vom Hau)

Rambo-Vorbild'[18] auftritt. Dem in einer individualisierten Gesellschaft gebotenen Verzicht auf Autoritätsansprüche steht im ersten Fall die Notwendigkeit repressiver Maßnahmen und im zweiten Fall die nicht mehr durchsetzungsfähige Autoritätszumutung aus früheren Zeiten gegenüber. Dabei lassen sich die heute bevorzugten zwang- und distanzlosen, partnerschaftlichen Umgangsweisen durchaus mit respektvollen, disziplinierten und zurückhaltenden Kommunikations- bzw. Reaktionsformen kombinieren – wie später noch zu zeigen sein wird. Die Vorstellung, dass ein Polizeibeamter nach der ‚Columbo-Methode' Erfolge erzielt, indem er durch den vollkommenen Verzicht auf Autorität Tatverdächtige zu Unvorsichtigkeiten verleitet, erscheint praxisfern und bleibt wohl fiktiven Filmfiguren vorbehalten. Während sich also in der Realität mit der Freund-und-Helfer-Mentalität in Konfliktsituationen das Gewaltmonopol schwerlich durchsetzen lässt, drohen dem Polizeibeamten mit ‚Krieger-Mentalität' häufige Gewalteskalationen, die dem allgemeinen polizeilichen Ziel der Gewaltreduktion bzw. -vermeidung widersprechen (s. Abb. 4.3).

---

[18]Vgl. dazu Behrs Ausführungen zu „Männlichkeit und Bürokratie" in Behr (2008, S. 61 ff.).

Im Folgenden soll nicht nach all den Formen polizeilichen Auftretens differenziert werden, die zwischen diesen beiden dysfunktionalen Extremformen anzusiedeln sind. In vielen Einzelfällen erfolgt die Kommunikation zwischen Polizei und Bürger durchaus situationsgerecht und sogar im Konfliktfall deeskalierend, obwohl die gewählten Verhaltensweisen oft nicht bewusst strategisch eingesetzt werden. Um aus der Mannigfaltigkeit empirischer Zwischentypen eine nicht nur auf Intuition oder Prima-facie-Regeln basierende, sondern eine einheitliche polizeiliche Methode zu entwickeln, empfiehlt sich das idealtypische Vorgehen nach Max Weber.[19] Dabei wird in die Wirklichkeit gleichsam eine gedachte Ordnung hineinprojiziert, die rein-logisch an Ideen perfektioniert vorgestellt wird.[20] An der Praxis erweist sich dann, ob und inwieweit der Idealtypus mit der Realität übereinstimmt und als heuristisches Mittel brauchbar ist. In der Variationsbreite zwischen Freund-und-Helfer-Mentalität und Krieger-Mentalität ist also ein Verhaltensmuster für eine vom Staat und vom Bürger autorisierte Schutzpolizei zu entwickeln. Dieser autoritätsbasierte Idealtypus muss zum einen mit den modernen Anforderungen der Gesellschaft und der Sonderrolle der Polizei verträglich sein und darüber hinaus das allseits „angestrebte zivilisatorische Minimum an Gewaltausübung von Polizei und Bürgern"[21] sicherstellen (s. Abb. 4.4).

Eine besondere Bewährungsprobe für die idealtypische Autorität sind Fälle von sich anbahnender oder sich ereignender Gewalt. Gewalt ist eine „Jedermann-Ressource"[22]. Da sie in der Gesellschaft gemeinhin als Problem wahrgenommen wird, ist Gewaltkontrolle eine Grundfunktion sozialer Ordnungsbildung.[23] In „Abhängigkeit von Kontext, Zielen, Formen und Folgen kann Gewalt Legitimität sowohl erzeugen und festigen als auch zerstören".[24] Als exklusive Sanktionsmacht der Polizei kann sie bei denjenigen, die die Vertreter des Gewaltmonopols herausfordern, der Wiederherstellung von Verhaltenskonformität dienen.[25]

---

[19]Der Idealtypus wird gewonnen „durch einseitige Steigerung eines oder einiger Gesichtspunkte und durch Zusammenschluss einer Fülle von … Einzelerscheinungen, die sich jenen einseitig herausgehobenen Gesichtspunkten fügen, zu einem in sich einheitlichen Gedankengebilde" (Weber 1988, S. 191).
[20]Vgl. Käsler (1979, S. 181).
[21]Feltes et. al. (2007, S. 286).
[22]von Trotha (1997, S. 25).
[23]Vgl. Koloma Beck und Schlichte (2014, S. 109).
[24]Koloma Beck und Schlichte (2014, S. 135).
[25]Vgl. Koloma Beck und Schlichte (2014, S. 134).

4.2 Autorität gegen Gewalt

Abb. 4.4 Sonderstellung Polizei. (Quelle: Eigene Darstellung ©vom Hau)

Gewalt und Gegengewalt im Aufeinandertreffen von Polizei und Bürgern wird in der Öffentlichkeit mittlerweile nicht mehr als Ausnahme-, sondern als Alltagserscheinung wahrgenommen. Vierunddreißig Polizisten wurden zum Tag der Arbeit 2015 bei Demonstrationen in Hamburg verletzt. „Insgesamt friedlich", lautete nachher der allgemeine Kommentar in den Medien.[26] In Sachen Gewalt ist offenbar ein Gewöhnungseffekt eingetreten. „Unsere Gesellschaft ist in wachsendem Maße eine umkämpfte Gesellschaft, in der Gewalt, Gewaltanschuldigung und Gewalterwartung als wichtige Vehikel individueller und kollektiver Selbstbestätigung fungieren"[27]. Für diese Gegenwartsdiagnose von Zygmunt Bauman hat auch Wilhelm Heitmeyer in den Feinstrukturen der modernen Gesellschaft zahlreiche Belege gefunden. Die im Zuge des rapiden sozialen Wandels sich verändernde Einstellung zur Gewalt, die sich phänomenologisch z. B. als regressive Gewalt zur Stabilisierung von Feindbildern, als expressive selbstdarstellerische Gewalt z. B. in Verbindung mit einer Neubewertung von Körperstärke durch Bodybuilding oder in enthemmter sexualisierter Gewalt u. a. zeigt oder als instrumentelle Gewalt zwecks radikalisierter Selbstdurchsetzung, ist ebenfalls als eine moderne Begleiterscheinung des Individualisierungsprozesses zu verstehen.[28] Der Freisetzungs- und Enttraditionalisierungsprozess hat eben nicht nur neue Chancen eröffnet, sondern auch neue Formen von Gewalt hervorgebracht. Im Schatten der Modernisierung geht mit der Aufwertung des Individuums eine Entgrenzung von Gewalt einher, die Heitmeyer im Übergang von den Lebensmodellen der Selbstverwirklichung in den 70er Jahren und der Selbstbehauptung in den 80er Jahren zur neuen Konzeption der Selbstdurchsetzung in der Gegenwart

---

[26]So betitelte die TAZ am Tag danach die Ereignisse; zit. in Süddeutsche Zeitung v. 9./10. Mai 2015, S. 49.
[27]Bauman (2000, S. 36).
[28]Vgl. Heitmeyer (1994, S. 376–401).

beschreibt.[29] Er begreift Gewalt nicht als Eigenschaft von Personen, sondern als „Ergebnis einer Auseinandersetzung mit den dominierenden Lebensbedingungen".[30] So versucht sich der meist verbreitete Single-Typus als ‚wir-loses Ich' nicht nur zu verwirklichen oder zu behaupten, sondern in einer „Mischung aus aggressivem Dominanzstreben und ‚Lockerheit'" gegen widerstrebende Interessen durchzusetzen.[31] Dabei erzwingt die „strukturell im Kapitalismus verankerte Konkurrenz- und Verwertungslogik", – so Heitmeyer – „utilitaristisch-kalkulatives Verhalten".[32] In dieser Konkurrenzsituation stehen sich die ‚Lebensabschnitts-Singles' ohne soziale Verankerung „individuell ‚entsichert' und sozial ‚entgrenzt'" gegenüber, was ein Absinken der Gewaltschwelle zur Folge hat.[33] Die soziale Welt, in der sich Grundwerte wie Solidarität, Gerechtigkeit und Fairness allmählich zersetzen, fungiert quasi nur noch als „Spiegel für die eigene Einzigartigkeit"[34]. Im Konfliktfall kann dabei Gewalt eine identitätsstabilisierende Kraft entfalten.

Der im Folgenden unterstellte Zusammenhang von Gewalt, Autorität und Individualisierung betrifft keineswegs nur Widerstände gegen, sondern ebenso Gewaltübergriffe durch Polizei. Dabei ist hier nicht die institutionelle Gewalt von Interesse, die wegen der exklusiven Aufgaben der Polizei durch ihre Vertretung des Gewaltmonopols situationsbedingt notwendig wird. Es soll vielmehr ausschließlich um Gewalttätigkeiten zwischen Polizei und Klientel gehen, die durch suboptimale, aber veränderbare Rahmenbedingungen ausgelöst werden, also theoretisch vermeidbar wären, sofern die Handelnden in ihrem unmittelbaren Handlungsradius auf die Entstehung und Entwicklung günstig einwirken würden. Noch einmal aus polizeispezifischer Sicht formuliert: Unter den zahlreichen teils absonderlichen Erscheinungsformen von Gewalt, mit denen Polizei im Streifendienst täglich konfrontiert ist, sind hier nur solche von Belang, bei denen der Polizeibeamte das eigene Gewaltrisiko durch seine Reaktion auf situative und personenbezogene Merkmale beeinflussen kann, was auf Einsatzlagen des Einzel- bzw. Streifendienstes – insbesondere bei Streitigkeiten, Ruhestörungen und Personenkontrollen[35] – zutrifft. Bei Großlagen hingegen wie Demonstrationen oder Fußballspielen wird

---

[29]Vgl. Heitmeyer (1994, S. 386 f.).
[30]Heitmeyer (1994, S. 376).
[31]Heitmeyer (1994, S. 388).
[32]Heitmeyer et al. (1998, S. 50).
[33]Heitmeyer (1994, S. 389 f.).
[34]Heitmeyer (1994, S. 389 f.).; vgl. auch Heitmeyer (2005).
[35]Ellrich und Baier (2014, S. 39).

4.2 Autorität gegen Gewalt

Gewalt meist durch gruppendynamische Prozesse ausgelöst, die im Allgemeinen nicht durch individuelles Verhalten eines Polizeibeamten veränderbar sind. Wie lässt sich nun die überwiegend im Streifendienst auftretende Gewaltform beschreiben und erklären? Auf einen Überblick über die zahlreichen empirischen und theoretischen Erklärungsansätze der Gewaltforschung darf hier verzichtet werden. Vor dem Hintergrund alter und neuer Autoritätsbeziehungen wird Gewalt als ein soziales Phänomen aufgefasst. Um individuelle Gewalterscheinungen als Folge gesellschaftlicher Bedingungen zu analysieren, ist es nicht nötig, den zahlreichen bereits vorhandenen Gewalttypologien und -begriffen weitere hinzuzufügen. Verschiedene Gewaltformen und Viktimisierungsprozesse werden ohnehin nur miteinbezogen, sofern dies zum Verständnis der Entstehungsbedingungen von Gewalt und insbesondere zum Aufspüren der Motive von Gewaltanwendern beiträgt, um die es hier vorrangig gehen soll. Die Gewalttypologie von Erich Fromm scheint dazu besonders geeignet.

Nicht die spielerische Gewalt, die z. B. in Kriegsspielen zum Ausdruck kommt, nicht rachsüchtige Gewalt, die eine bereits eingetretene Schädigung ungeschehen machen will, nicht kompensatorische Gewalt, der Ersatzfunktion unter dem Eindruck von Unfähigkeit und Impotenz zukommt, nicht Gewalt als archaischer Blutdurst, der aus einer leidenschaftlichen Naturbindung erwächst, sondern reaktive Gewalt als „Verteidigung des Lebens, der Freiheit, der Würde oder auch des eigenen oder fremden Eigentums" ereignet sich im Polizeidienst infolge misslingender Kommunikation.[36] Im Kontext polizeilicher Autorität ist nämlich neben der Schädigungsabsicht von Gewalt und ihrer Tendenz zur Selbstentgrenzung vor allem die extreme Asymmetrie zwischen Gewalttäter und Opfer von Bedeutung.[37] Die weiteren Ausführungen basieren auf der Grundannahme, dass sich „vermutlich die häufigste Form von Gewalt"[38] als Reaktion auf Missachtung bzw. mangelnde Ehrerbietung ereignet. Das gilt sowohl für Polizei als auch für das polizeiliche Gegenüber. Unmittelbare Ehrverletzungen gegenüber Personen sind aus polizeilicher Sicht von Missachtungen gegenüber der Institution Polizei zu unterscheiden. Bei der Polizeiklientel kann ein weiteres Gewaltmotiv aus der Missachtung von

---

[36]Die hier aufgelisteten Gewaltformen hat Erich Fromm unterschieden (Fromm 1979, S. 19–32). Die interessante phänomenologische Unterscheidung zwischen lozierender, raptiver und autotelischer Gewalt von Jan Philipp Reemsta wurde hier nicht verwendet, da sie keinen ätiologischen Ansatz verfolgt, sondern statt der Motive von Gewalttätern stärker nach den Folgen von Gewalt differenziert (vgl. dennoch Reemsta 2008).
[37]Koloma Beck und Schlichte (2014, S. 125).
[38]Fromm (1979, S. 20).

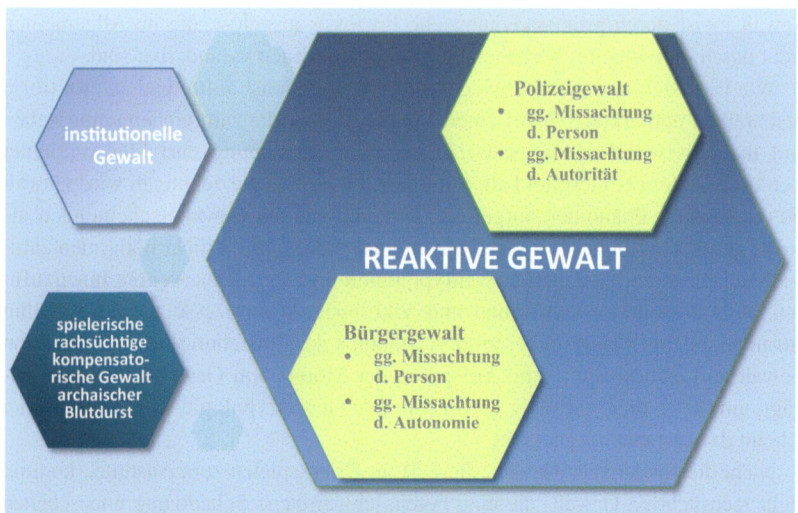

Abb. 4.5 Unterscheidung von Gewaltbegriffen und -motiven. (Quelle: Eigene Darstellung ©vom Hau)

Freiheitsansprüchen erwachsen: Der gegen den Polizeibeamten gewalttätige Bürger kann auch aus der Logik des von Heitmeyer beschriebenen ‚Selbstkonzeptes der Durchsetzung' offensiv reagieren, wenn er allein schon durch den als Autorität auftretenden Polizeibeamten seine Autonomie- und Entscheidungsfreiräume bedroht sieht. Für die weitere Argumentation ist es nicht notwendig, eine Missachtung des Anspruchs auf ungehemmte Entfaltung der eigenen Subjektivität kategorial von anderen Formen der Ehrverletzung zu differenzieren (s. Abb. 4.5).

Beide Motive reaktiver Gewalt, sowohl die insgesamt auf Missachtung der Person als auch die auf Freiheitsbeschneidungen folgende, erwachsen aus realer oder eingebildeter, aus bewusster oder unbewusster Angst und dienen der Verteidigung. Ihrem Wesen nach sind sie daher – wie Erich Fromm betont – etwas anderes als Gewalttätigkeiten, „die der Zerstörung um ihrer selbst willen dien[en]".[39] Mit seiner Interpretation von Gewalt als Verteidigung gegen einen Angriff eröffnet sich auch ein Zugang zum besseren Verständnis von Gewalteskalationen bei der Wahrnehmung polizeilicher Aufgaben. Dort steht das Autonomie beanspruchende

---

[39]Fromm (1979, S. 20).

Individuum dem Autorität beanspruchenden Polizeibeamten unversöhnlich gegenüber. Der Eindruck der Polizeiklientel, sich durch reaktive Gewaltanwendung verteidigen zu müssen, entsteht dabei offenbar in vielen Fällen nicht erst, wenn Freiheitsentzug oder andere Grundrechtseingriffe drohen. Schon im normalen Kontakt, wenn die Kommunikation nicht wie inzwischen angestrebt auf horizontaler Ebene in symmetrischen Beziehungsmustern, sondern in der Vertikalen als Anordnungs- und Befolgungsverhältnis abläuft, kann Gewaltanwendung gegen Missachtung der Person und/oder ihrer Autonomieansprüche zum Einsatz kommen. Denn wenn alternative, meist verbale Selbstbehauptungsstrategien scheitern, stellt reaktive Gewalt die extremste Form dar, um einen Angriff auf das Ehrgefühl abzuwehren und die Asymmetrie quasi umzudrehen. Das gilt nicht nur für das polizeiliche Gegenüber, das sich aus der Unterordnung befreien möchte und als Gleichgestellter behandelt zu werden wünscht, sondern auch für den Polizeibeamten, der sich aus der gleichgestellten Position erheben möchte und als Übergeordneter behandelt zu werden beansprucht. Aus ihrer subjektiven Sicht zeigen beide die Neigung, durch Gewalt den ihnen gebührenden Rangplatz innerhalb der jeweils unterschiedlich empfundenen Ungleichstellung ihrer sozialen Beziehung wiederherzustellen bzw. zu behaupten. Es darf vermutet werden, dass proportional zur empfundenen Schieflage die Bereitschaft wächst, die Asymmetrie mittels Gewalt zu korrigieren. Dass es viele andere Auslösefaktoren für Gewalt gibt, soll hier nicht unterschlagen werden: Die Asymmetrie kann im Fall der reaktiven Gewalt als notwendiger, aber nicht als hinreichender Einflussfaktor gelten. Neben anderen situativen Merkmalen ist die Gewaltreaktion auch von den jeweils besonderen Persönlichkeitsmerkmalen abhängig. Ob die Bereitschaft überhaupt entsteht oder dazu ausreicht, z. B. aus einem Unterlegenheitsgefühl zuzuschlagen, ist auch von den konstitutiven Bestandteilen einer Persönlichkeit abhängig. Darüber geben sozialisationstheoretische bzw. identitätstheoretische und psychologische Ansätze Aufschluss, wobei letztere hier in der soziologischen Betrachtung ausgeblendet bleiben (s. Abb. 4.6).

4.2.1 Gewaltübergriffe durch Polizei als Folge von Ehrverletzung und Autoritätsverlust

3. These: Eine häufige Form von Gewalt ereignet sich im Polizeidienst als Reaktion auf Missachtung bzw. mangelnde Wertschätzung entweder als Widerstand, wenn die polizeiliche Klientel sich missachtet wähnt, oder als polizeilicher Übergriff, um Autorität zu verteidigen bzw. wiederherzustellen.

Der Zusammenhang zwischen Gewaltbereitschaft und Statuserhalt wird durch Forschungsergebnisse bestätigt. In der empirischen Studie zur Gewaltanwendung

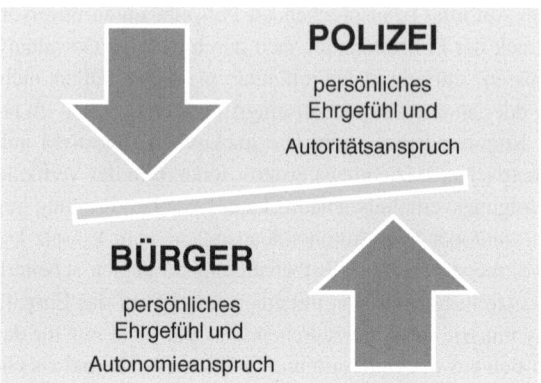

Abb. 4.6 Asymmetrien polizeil. Interaktion zw. Bürger und Polizei. (Quelle: Eigene Darstellung ©vom Hau)

durch Polizeibeamte von Alpert und Dunham haben sich Autoritätserhalt und Eskalationsangst als Hauptursachen polizeilicher Gewaltausübung erwiesen: Die Autoren gehen davon aus, dass „die Wahrscheinlichkeit einer intensiven Gewaltanwendung steigt, wenn die Autorität eines Polizeibeamten in einer bestimmten Situation in Gefahr ist bzw. die Polizeibeamten das Gefühl haben, dass Ihre Autorität in Gefahr ist".[40] Gewalt wird dann angewendet, „um die Autorität des eigenen Handelns, die Autorität der Polizei als Institution und die des Staates aufrechtzuerhalten".[41] Dieser Zusammenhang findet sich in der qualitativen Studie der Kriminologen Feltes, Klukkert und Ohlemacher bestätigt. Mittels einer Szenariotechnik wurde nach Ursachen polizeilicher Gewaltanwendung geforscht, wobei keine analytische Trennung von legalen Gewalteinsätzen aufgrund eines Strafverfolgungsauftrags und illegaler Polizeigewalt den Probanden vorgegeben wurde. Im Ergebnis zeigte sich, dass die 52 befragten Polizeibeamtinnen und -beamten die Notwendigkeit polizeilicher Gewaltanwendung aufgrund jeweils unterschiedlicher subjektiver Eindrücke von Missachtung begründet sahen. Drei Rechtfertigungsmuster wurden sichtbar:

---

[40]Zitiert nach Feltes (2005, S. 4).
[41]So fassen Feltes, Klukkert und Ohlemacher die Ergebnisse von Alpert und Dunham zusammen (Feltes et al. 2007, S. 288).

4.2 Autorität gegen Gewalt

1. „Gewaltanwendung als Reaktion auf den Widerstand gegen die staatliche Autorität", (*„Also ich muss mich jetzt mal outen. Also, ich habe Gewalt auch schon als taugliches Mittel angewendet, um mir Respekt zu verschaffen"*).[42]
2. „Gewaltanwendung als Konsequenz einer Nichtachtung der eigenen Person oder des Kollegen/der Kollegin in der Funktion als Polizist oder Polizistin", (*„Wenn jemand ‚Scheißbulle' oder so was sagt, sind das für mich Beleidigungen, die den ganzen Berufszweig, also die Institution Polizei betreffen, nur ‚Kinderficker' lasse ich mir vom Bürger nicht sagen, also da kriegt er postwendend eine geschmiert. Also, da wollen wir jetzt mal faktisch (ehrlich sein), was in Ehrverletzung reingeht, nehme ich so ohne weiteres auch nicht hin"*).[43]
3. „Gewaltanwendung als Konsequenz eines Angriffs auf die eigene Person" (*„ 'Bis hierher und nicht weiter'! Da ist mein Grenzbereich erreicht. Und danach ist mir mein eigenes Leben mehr wert als das des anderen... Der Unterschied ist aber auch, sage ich immer, ob man jetzt einfach nur den Widerstand bricht, dem die Handfessel anlegt oder machen lässt, oder ob man dann sozusagen seine aufgestauten Aggressionen erst einmal an dem ablässt"*).[44]

Während sich das 1. und 2. Rechtfertigungsmuster nur dadurch unterscheiden, dass in der Wahrnehmung der Probanden einmal die Missachtung an die Institution und im zweiten Fall an die Person des Polizeibeamten adressiert ist und durch Gewalt verteidigt werden soll, rechtfertig das 3. Argumentationsmuster Gewaltreaktionen auf gewaltsame Angriffe der Person.

Die möglicherweise dabei wirksamen identitätsrelevanten Merkmale wurden eingehender von der Psychologin Christiane Bosold als Erklärungsfaktoren polizeilicher Übergriffe untersucht. Sie lösen im Zusammentreffen mit anderen Merkmalen illegale Gewalt aus, „wenn der Selbstwert der Polizeibeamten durch das polizeiliche Gegenüber bedroht wird".[45] Neben Situationsmerkmalen wurde erstens zwischen dem polizeilichen Selbstwert in Verbindung mit der beruflichen Identifikation als Polizeibeamter und zweitens dessen allgemeinem Selbstwert als Person unterschieden. Entgegen älteren und bislang widersprüchlichen Befunden kann die Studie von Bosold die plausible Vermutung bestätigen, dass „ein geringer Selbstwert bei Polizeibeamten mit Intentionen zu Übergriffen in Beziehung

---

[42]Feltes et al. (2007, S. 298 f.).
[43]Feltes et al. (2007, S. 299 f.).
[44]Feltes et al. (2007, S. 300).
[45]Bosold (2006, S. 142).

stehen" sowohl wenn sie ihre „Zugehörigkeit zur Polizei negativ bewerten" als auch bei einem allgemein geringen Selbstwert.[46]

Die „Wahrung der Autorität" ist auch nach Einschätzung des Soziologen Randall Collins Hauptursache von Polizeigewalt und „abhängig vom Benehmen des Tatverdächtigen – also in welchem Grad er sich dem Polizisten gegenüber unverschämt oder fügsam oder respektvoll verhält".[47] Dieser und zahlreiche gleichlautende Befunde müssen in Erstaunen versetzen, wenn doch – wie begriffsgeschichtlich belegt wurde – eine Einflussnahme unter der Bedingung des Gewaltverzichts notwendig zum Wesen der Autorität gehört. Als Mittel zur Autoritätswahrung oder -herstellung verfehlt Gewalt doch eben nicht nur ihren Zweck, sondern provoziert sogar den gegenteiligen Effekt, nämlich die komplette Autoritätsverweigerung. In dieser Selbstwidersprüchlichkeit demontiert sich die Gewalt anwendende Polizeiautorität gleichsam selbst.

In zahlreichen Gewaltstudien wird polizeiliches Verhalten überwiegend als Reaktion, also als abhängige Variable, und nicht als Ursache von Gewalt behandelt. Nimmt man aber zur Autoritätszumutung durch die Polizei die Ehrverletzung hinzu, dann liegt die Vermutung nahe, dass zwischen polizeilich und nichtpolizeilich verursachten Gewaltanwendungen ein reziprokes Verhältnis besteht. Wie noch zu zeigen sein wird, deutet zumindest vieles daraufhin, dass für gewaltsame Widerständler gegen autoritätsbeanspruchende Polizeibeamte ebenfalls Anzeichen von Missachtung bzw. Einschränkungen des individuellen Entscheidungsspielraums ausschlaggebend sind.

4.2.2 Widerstandsdelikte als Folge von Ehrverletzungen und Autonomieverlust

Aus der – in anderen Untersuchungen meist vernachlässigten – Perspektive nichtpolizeilicher Gewaltanwender hat die frühere Polizeibeamtin und Kriminologin Rita Steffes-enn nach Gewaltgründen geforscht. Bei den Befragten handelt es sich

---

[46]Bosold (2006, S. 146 und 152). Die empirischen Befunde der aktuellen Studie des Kriminologischen Forschungsinstituts Niedersachsen von 2014, in dem der Selbstwert zur Erfassung der sozialen Kompetenz von Polizeibeamten anhand von zehn Items mit erhoben wurde, zeigen einen vergleichsweise hohen Selbstwert bei Polizeibeamten: „Für 85,1 % der Befragten ist ein hohes Selbstwertgefühl zu konstatieren" (Ellrich und Baier 2014, S. 68). Hinweise auf einen Zusammenhang zwischen Gewaltrisiko und Selbstwertgefühl ergaben sich allerdings nicht (vgl. Ellrich und Baier 2014, S. 112).

[47]Collins (2011, S. 571 und 567).

4.2 Autorität gegen Gewalt

allerdings nicht um eine repräsentative Polizeiklientel, sondern ausschließlich um männliche Mehrfachstraftäter, die bereits Gewaltsituationen bzw. Fest- oder Ingewahrsamnahmen erlebt haben. Dennoch lohnt sich ein kurzer Blick auf die Ergebnisse der Studie: Bei der qualitativen Interviewauswertung zeichnete sich „Demütigung und Unterwerfung" als eines von fünf Einstellungs- bzw. Erfahrungsmustern ab. Zumindest für Gewaltstraftäter hat sich in der Studie der hier behauptete Zusammenhang bestätigt: „Verweigerter Respekt führt aufseiten des polizeilichen Gegenübers zu Gefühlen der Kränkung, was wiederum Wiedergutmachung – notfalls mittels Gewalt – verlangt".[48] Was von Straftätern im Rahmen der Strafverfolgung und Inhaftierung als Demütigung erfahren wird, muss aber von den eher unterschwelligen Ehrverletzungen unterschieden werden, die bei üblichen Begegnungen zwischen Polizei und Bürgern beide Seiten betreffen können und niederschwellige verbale Gewalt wie Beleidigungen und Provokationen zur Folge haben können. Als ein „Akt der Unterdrückung"[49] stellt der Begriff ‚Demütigung' eine Steigerungsform der Ehrverletzung infolge von Missachtung der Autoritäts- oder Selbstbestimmungsansprüche dar. Dass besonders die Festnahme bzw. Ingewahrsamnahme als eine „Verletzung des Bedürfnisses nach Autonomie" zu verstehen ist und daher Gewalt provoziert, gehört auch zu den zentralen Ergebnissen der Gewaltstudie des Kriminologischen Forschungsinstituts Niedersachsen und ist insofern verallgemeinerungsfähig. Mehr als ein Viertel der meist im Streifendienst erlebten schweren Gewaltübergriffe (27,5 %) ereigneten sich bei der Festnahme von Tatverdächtigen gefolgt von 23,7 % im Einsatz bei Streitsituationen im öffentlichen Raum oder in Familien, wobei insgesamt ein Anstieg der Gewaltübergriffe in einem Fünfjahres-Zeitraum zu verzeichnen ist.[50] Die unmittelbar aus der Durchsetzung legaler Zwangsmaßnahmen erwachsenden Widerstandsdelikte fallen jedoch nicht in den Grenzbereich vermeidbarer Gewalteskalationen, um die es hier vorrangig gehen soll, und resultieren aus subjektiv unterschiedlichen Wahrnehmungen ehrverletzender oder demütigender Interaktionen zwischen Polizei und Polizeiklientel. Interessant ist dennoch die gewaltpotenzierende Wirkung von Polizeieinsätzen bei häuslicher Gewalt. Dass die Festnahme als massiver Eingriff in die Persönlichkeitsrechte Gegenwehr provoziert, kann niemanden in Erstaunen versetzen, dass aber das Gewaltrisiko der Polizei bei der Einsatzlage ‚Familienstreitigkeit' auffällig angewachsen ist, könnte unter anderem Ausdruck der veränderten Lebensformen in der hochindividualisierten Gesellschaft sein. Mit

---

[48]Steffes-enn (2012, S. 97).
[49]Lindner (2005, S. 6).
[50]Ellrich et al. (2011, S. 16 ff.).

dem Rückzug des ausschließlich auf sich selbst bezogenen Individuums aus der früher als Gemeinschaft erlebten öffentlichen Sphäre in die Privatsphäre seiner eigenen vier Wände ist auch seine Sensibilität gegenüber potenziellen Eindringlingen in diese Monade gestiegen.[51] Hinter der geschlossenen Tür der eigenen Räume beansprucht der Einzelne, selbst zu entscheiden, wer eingelassen wird und wer draußen bleibt. Als besonders provozierend muss daher das Durchsetzen polizeilicher Maßnahmen wirken, wenn es nicht in der Öffentlichkeit, sondern im geschützten privaten Raum erfolgt, in dem das Individuum nur noch sich selbst und seinesgleichen zu begegnen gewohnt ist. Der Anstieg von Widerstandsdelikten im Bereich häuslicher Gewalt lässt sich selbstverständlich nicht monokausal als Ausdruck individualisierter Lebensformen erklären. Im Vergleich wären hier beispielsweise die Häufigkeiten von Widerständen bei Hausdurchsuchungen, die auch die Privatsphäre des Tatverdächtigen erheblich verletzen, heranzuziehen. Unter Berücksichtigung variierender Personenmerkmale wird das Gewalteskalationsrisiko an späterer Stelle noch milieuspezifisch differenziert.

---

[51]Vgl. zu neuartigen Zeit- und Raumaspekten Bauman (2003, S. 110 ff.).

Kampf um Anerkennung – Respekt verschafft Respekt 5

Wodurch aber wird Gegenwehr als eine ‚reaktive, verteidigende Gewalt' ausgelöst, wenn sie nicht unmittelbar gegen notwendige polizeiliche Repressionsmaßnahmen gerichtet ist? Widerstand gegen Polizeibeamte entsteht – Erfahrungsberichten zufolge – nicht erst, wenn ein Freiheitsentzug droht. Oft genügt schon das Gefühl der Geringschätzung, der Missachtung oder der Ehrverletzung, um Gewalt zu evozieren. Das ist erklärungsbedürftig, insbesondere, wenn Collins mit seiner Einschätzung Recht hat, dass Gewalt generell nicht leicht, sondern schwerfällt,[1] und für jeden Menschen eine belastende Ausnahmesituation darstellt. Warum wird der Achtung oder Missachtung durch andere so viel Bedeutung beigemessen, dass in Reaktion darauf sogar die Hürde der Gewalt genommen wird?

Der vieldeutige Begriff der Ehre lässt sich einerseits als ein Selbstverhältnis beschreiben, in dem sich eine Person mit all ihren Eigenschaften und Eigenarten positiv identifiziert – so kennzeichnet der Philosoph Axel Honneth in Anlehnung an Hegel den Begriff – verweist aber zugleich auf seine Abhängigkeit von der Anerkennung anderer: „nur in dem Maße ist ein Individuum zu einer vollständigen Identifikation mit sich selbst in der Lage, in dem es in seinen Eigenarten und Eigenschaften auch durch seine sozialen Interaktionspartner Zuspruch und Unterstützung findet".[2] Die soziale Welt, die Achtung und Missachtung zuteilt, ist für Menschen konstitutiv, denn sie ist nicht nur Lieferant von Wertmaßstäben und Sinn; sie bildet allererst die Grundlage für ihre Identitätsfindung. Es muss an

---

[1]Collins (2011, S. 36).
[2]Vgl. Honneth (1994, S. 41).

dieser Stelle genügen, nur die Pointe dieser anthropologischen Sichtweise wiederzugeben: Das Individuum benötigt die objektive Außenperspektive, den Blick des anderen, durch den es auf sich zurückblicken kann, um ein Verhältnis zu sich selbst herzustellen. Nicht der Einzelne allein, sondern nur der Einzelne inmitten der anderen kann Selbstbewusstsein und Selbstwertgefühl entwickeln. Es ist das große Verdienst von George H. Mead und eine der Grundannahmen des von ihm begründeten Symbolischen Interaktionismus[3], diese konstitutive Abhängigkeit menschlichen Selbstbewusstseins von den kommunikativen Anerkennungserfahrungen mit Anderen aufgedeckt zu haben. Das Angewiesen-Sein der Identität und des sozialen Status einer Person auf die Anerkennung durch andere Subjekte deutet spiegelbildlich auf die Auswirkung fehlender oder mangelhafter Anerkennung hin. „Es ist die interne Verschränkung von Individualisierung und Anerkennung", so beschreibt Axel Honneth den Zusammenhang, „aus der sich jene besondere Versehrbarkeit menschlicher Wesen ergibt, die mit dem Begriff der ‚Missachtung' bezeichnet wird: weil das normative Selbstbild eines jeden Menschen … auf die Möglichkeit der steten Rückversicherung im Anderen angewiesen ist, geht mit der Erfahrung von Mißachtung die Gefahr einer Verletzung einher, die die Identität der ganzen Person zum Einsturz bringen kann".[4] Diese ontologische Wesensstruktur des Menschen stellt eine fundamentale Abhängigkeit von der sozialen Wertschätzung durch die Gesellschaft dar, die den Selbstwert des Individuums und dessen Chancen auf Verwirklichung bestimmt.[5] Honneth unterscheidet drei Anerkennungssphären: In der für die Anerkennung elementarsten Sphäre der Liebe, „erkennen sich Menschen reziprok als liebende, emotional bedürftige Wesen an"; durch die Anerkennung der Bezugspersonen wird Selbstvertrauen erzeugt und physische Integrität gewährleistet; in der Sphäre des Rechts, die die soziale

---

[3]Dazu ausführlich: Mead 1995. In keiner anderen Theorie sei der „Gedanke, dass die menschlichen Subjekte ihre Identität der Erfahrung einer intersubjektiven Anerkennung verdanken", so konsequent unter naturalistischen Denkvoraussetzungen entwickelt worden wie in der Sozialpsychologie George Herbert Meads, erkennt auch Honneth (Honneth 1994, S. 114).

[4]Honneth (1994, S. 212 f.).

[5]Wie Wilhelm Heitmeyer zeigt, deutet vieles daraufhin, dass mit den Krisenphänomenen der Postmoderne auch die Chancen auf soziale Anerkennung insgesamt gesunken sind. Wird der „Zugang zu den Funktionssystemen wie Arbeit, Bildung etc. und der daraus entspringenden sozialen Anerkennung" versperrt, (Heitmeyer 2012) kommt es verstärkt zu Desintegrationserscheinungen: „Das machtlose Verzagen gegenüber den Starken schlägt um – abgewertet werden die Schwachen" (Heitmeyer 2005). Die zunehmende Rohheit gegenüber Schwächeren kann als eine aktuelle „Art Selbstaufwertung in unsicheren Zeiten" gedeutet werden (Heitmeyer 2005).

Integrität von Personen schützt, respektiert man sich „wechselseitig als Träger legitimer Besitzansprüche" und ermöglicht einander die Erfahrung von Selbstachtung; in der dritten Sphäre sozialer Wertschätzung kommt es zu einer überlegenen Form reziproker, „bis ins Affektive hineinreichenden" Anerkennung in Form von Solidarität, die soziale Wertschätzung signalisiert.[6] In der Sphäre der Solidarität, die kollektive Wertgemeinschaften voraussetzt, schaut sich das Individuum – hier zitiert Honneth Hegel – „in jedem als sich selbst an"[7]. Über die rechtliche Anerkennung hinaus bezieht sich die solidarische Form der Wertschätzung eines Menschen nicht nur auf dessen Anerkennung als Mitglied eines politischen Gemeinwesens, die auf den „universellen Respekt vor der Willensfreiheit der Person" beschränkt bleibt, vielmehr bezieht sie auch Eigenschaften der Person ein, die ihre „Bedeutung ...für das Leben des jeweils anderen signalisieren".[8] „Fähigkeiten und Leistungen" lassen sich aber nur dann intersubjektiv danach beurteilen, in welchem Maße der Einzelne „an der Umsetzung der kulturell definierten Werte" mitwirkt, wenn die sich gegenseitig Anerkennenden einen sozialen Lebenszusammenhang, eine „Wertgemeinschaft" miteinander teilen, in der die Ehre verteidigt wird.[9] Dieser Weg der Selbstvergewisserung in der modernen Gesellschaft, in der kollektive durch individualisierte Lebensformen verdrängt wurden, hat sich im Wertepluralismus weit verzweigt und ist unberechenbar geworden. Kalkulierbar ist die von der sozialen Anerkennung historisch entkoppelte rechtliche Anerkennung, deren Reichweite sich heute am Gleichheitsgrundsatz bemisst, sodass darin auch „Unterschiede in den individuellen Chancen zur Realisierung der sozial garantierten Freiheiten rechtlich Berücksichtigung finden" und der Rechtsperson ermöglichen, „sein Handeln als eine von allen anderen geachtete Äußerung der eigenen Autonomie begreifen zu können".[10] Von allen Anerkennungserwartungen ist nur diese, von Persönlichkeitsmerkmalen unabhängige abstrakt-formale Anerkennung der Autonomie von Personen, einklagbar (s. Tab. 5.1).

Für den hier dargestellten Bedeutungskontext ist es nicht erforderlich, tiefer in Honneths differenzierte Analyse von Anerkennungskämpfen einzusteigen. Folgender Wirkungszusammenhang von Missachtung und Gewalt ist damit deutlich geworden: Wenn ein ‚Gesichtsverlust' droht, weil die Grundlage der Persönlichkeit, die Identität und das Selbstbild in Gefahr geraten, wird Gewalt zur Ultima

---

[6]Honneth (1994, S. 34 ff.).
[7]Honneth (1994, S. 44).
[8]Honneth (1994, S. 180, 196).
[9]Honneth (1994, S. 198).
[10]Honneth (1994, S. 191 f.).

Tab. 5.1 Anerkennungssphären (Die Tabelle erfolgt hier in Anlehnung an die ausführlichere Tabelle von Honneth 1994, S. 211). (Quelle: Eigene Darstellung ©vom Hau)

Liebe	Recht	Solidarität
Primärbeziehungen	Politisches Gemeinwesen	Wertegemeinschaft
Selbstvertrauen	Selbstachtung	Selbstschätzung
Physische Integrität	Soziale Integrität	‚Ehre', Würde

Ratio. Angesichts der immensen Bedeutung sozialer Anerkennung dient der Einsatz von Gewalt dann nichts Geringerem als der Verteidigung der „sozialen Existenz" und damit der Existenz als Subjekt. Denn bei Nicht-Anerkennung droht das Subjekt zu verschwinden und wird – so drückt es Judith Butler aus – zu einem „Vor-Subjekt", zu einer verworfenen Gestalt, „die der Sicht entzogen" ist.[11] In dieser permanenten Gefahr schwebend ist davon auszugehen, dass die Bereitschaft, Angriffe notfalls gewaltsam abzuwenden, einerseits mit dem Grad der empfundenen Missachtung und andererseits mit der Konflikträchtigkeit der Situation zunimmt. In vormodernen Zeiten befand man sich innerhalb einer Gemeinde, einer Sippe oder Familie, einer Nachbarschaft oder eines Freundeskreises in konfliktarmen sozialen Schutzräumen, in denen Anerkennung in Form von Zugehörigkeit gleichsam zugeschrieben wurde und nicht erst aufwendig erworben oder gar gegen Anfeindungen verteidigt werden musste. Die postmodernen isolierten und anonymisierten Lebensformen, die im Vergesellschaftungsmodus der Individualisierung traditionelle Gemeinschaftsformen des Zusammenlebens ersetzt haben, bieten heutzutage dem Individuum auf der Suche nach Gefühlswärme und affektiver Bejahung kaum noch Zufluchtsmöglichkeiten. Unter ihrer Last, als letzter „Anker der inneren Identität"[12] und Projektionsfläche der Selbstverwirklichung herhalten zu müssen, scheint auch die identitätsbildende Kraft der quasi letzten noch verbliebenen Sozialform, der Zweierbeziehung, immer wieder zu

---

[11]Zit. n. Stefan Deines (2007, S. 284). Auch in der Deutung von Vittorio Hösle ist hier nicht der Sieg entscheidend, sondern schon aus dem Kampf um Anerkennung zieht der Unterlegende einen Gewinn, weil auch für den Schwächeren „die Niederlage einen partiellen Triumph bedeuten [kann], weil der Sieg den Sieger Arbeit kostet und weil der Sieger den Unterlegenen wenigstens zur Kenntnis genommen hat" (Hösle 1997, S. 404). Wesentlich ausführlicher zu den Auswirkungen der Moderne auf die menschliche Identität vgl. Willems und Hahn (1999).
[12]Beck und Beck-Gernsheim (1990, S. 70).

versagen. In der transzendenzlosen postmodernen Welt, in der von keinem Gott und keiner anderen metaphysischen Instanz identitätsstabilisierender Halt zu erwarten ist, erfährt jeder Einzelne für sich Zustimmung und Ablehnung ausschließlich durch die Anderen. „Die Anderen aber sind Himmel und Hölle zugleich", so beschreibt Heinz Bude die Krisenanfälligkeit des Subjekts in einer „Gesellschaft der Angst", die aus seiner unhintergehbaren Bezogenheit auf den „außengeleitete[n] Charakter" entsteht, der „nichts anderes als die Anderen [hat], die ihm Halt im Leben geben und einen Begriff seiner selbst vermitteln".[13] Solchermaßen ins nachmetaphysische Diesseits verbannt und gezwungen, sich an den Maßstäben der gleichermaßen entwurzelten Anderen auszurichten, erscheint der individualisierte verletzbarer als der kollektivistisch geprägte Mensch, der noch im Refugium der Gemeinschaft Anerkennung findet. Da sich im säkularen Zeitalter dem ‚wir-losen Ich' zur Fundamentierung der eigenen Identität nur noch seinesgleichen anbietet, gleicht die zu gewinnende Stabilität der eines Kartenhauses. Und in der ständigen Rekonstruktion kann immer auch, was unten gelandet ist, wieder nach oben gelangen und umgekehrt. Durch quasi nicht mehr abreißende Face-to-Face- oder Netzwerk-Kommunikationen muss der lockere Zusammenhalt unter Bedingungen doppelter Kontingenz ständig neu hergestellt werden. In dieser misslichen Lage konnte Kommunikation zur paradigmatischen Methode avancieren, die einzig eine Befriedigung individueller Selbstbehauptungsbedürfnisse in Aussicht stellen kann. Mit dem Bedeutungsanstieg wachsen einerseits der Kommunikationsbedarf und andererseits die Störanfälligkeit der Interaktion. Aufgerüstet mit einem höchst empfindlichen Sensorium wird auch der öffentliche Raum ständig nach möglichem Feedback auf die Selbstdarstellung gescannt. Dort aber begegnen sich die Kommunizierenden in einer ‚Hab-Acht-Stellung', um Fremdbewertungen zu empfangen, anzunehmen oder zurückzuweisen.

Dass die Bedrohung des Selbstwertes im Konflikt mit der zu Gewalt lizensierten Polizei ganz besonders sensibel wahrgenommen wird, versteht sich von selbst. Hier ist das Eis besonders dünn. Für gegenseitig zu verhandelnde Achtungserweise bietet nämlich die meist konfliktträchtige Auseinandersetzung mit der Polizei kein Forum. Auch darin wird ihre Sonderstellung in der Gesellschaft deutlich. Auf die kommunikations- und diskursethischen – im Leitbild eigens für die Polizei spezifizierten – Regeln gegenseitiger Anerkennung kann die Polizei nämlich nur bedingt Rücksicht nehmen. Sie hat sich daher im Gegenzug mit der vorgefassten und verbreiteten Meinung auseinanderzusetzen, ihre institutionelle Potenz verfolge geradezu den Zweck, individuellen Geltungsansprüchen gleichsam einen Riegel

---

[13]Bude (2014, S. 155).

vorzuschieben. Diese Grenze im alltäglichen Umgang mit dem Bürger zu markieren, gehört zu den Grundlagen einer funktionierenden Polizei. Aber wenngleich Achtungserweise durch Polizei nur im Idealfall erfolgen können, so kann sie sich zur Durchsetzung von Autoritätsansprüchen doch die fundamentale Abhängigkeit des Menschen von sozialer Anerkennung zunutze machen. Zieht man Ergebnisse der vom Max-Planck-Institut durchgeführten Studie zu Opfererfahrungen, Einstellungen gegenüber der Polizei und Kriminalitätsfurcht von 2012 hinzu, dann zeigt sich zwar insgesamt eine große Zufriedenheit mit der Polizei, von denjenigen aber, die nicht zufrieden waren, wählten 71,2 % die Antwortkategorie „war unfreundlich" und 58,6 % „schien mir gegenüber Vorurteile zu haben". Dass Gründe wie ‚zu langsam', ‚gab zu wenig Informationen', ‚verhielt sich illegal' im Vergleich wesentlicher seltener angekreuzt wurden, deutet auf Defizite hin, die erstens von der überwiegenden Mehrheit der Befragten auf der Beziehungs-, nicht auf der Inhaltsebene wahrgenommen wurden und die zweitens, indem das polizeiliche Verhalten als vorurteilsbehaftet und unfreundlich kritisiert wurde, aus einer negativen Grundhaltung der Polizeibeamten gegenüber ihrer Klientel abgeleitet wurden.[14]

Die hier im Kontext der Modernisierungserscheinungen herausgestellten Zusammenhänge sowie die autoritätskritischen Merkmale und die funktionalen Aspekte der Autoritätsbeziehung, die in Anlehnung an die Systemtheorie behandelt wurden, sollen im Folgenden den Rahmen für eine Neukonzeption des Autoritätsbegriffs bilden.

---

[14]Albrecht und Sieber (2012, S. 52).

Polizei-funktionale Autorität – Eine Neukonzeption

6.1 Leitidee

Unter möglichen Anerkennungsverhältnissen rangiert die Liebesbeziehung ganz oben. In der reduzierten Ichform der Postmoderne ist sie – rein zweckrational betrachtet – zum Stabilisator krisenanfälliger Ich-Identitäten avanciert. Vor allen anderen Beziehungsformen darf in Primärbeziehungen zwischen sich liebenden und emotional bedürftigen Lebenspartnern, Eltern und Kindern oder zwischen Freunden reziprok mit Akzeptanz, Verständnis und Bestätigung gerechnet werden. „Das Du wird zum Mittel für das Ich"[1], indem es den notwendigen Resonanzboden für die Selbstwahrnehmung bildet. Für die Liebe, die in der Eltern-Kind-Beziehung die erste Stufe der gegenseitigen Anerkennung darstellt, stehen in der späten Moderne nur noch wenige funktionale Äquivalente zur Verfügung. Als ein reformierungsbedürftiges Verhältnis soll hier die Autoritätsbeziehung nicht – wie vormals üblich – in Anlehnung an Gewalt- oder Herrschaftsbeziehungen beworben werden, sondern als funktionales Äquivalent zur Liebesziehung. Ihr besonderes Prädikat – und darauf fußt die weitere Argumentation – ergibt sich nicht aus Befehl und Gehorsam, sondern aus der Chance reziproker Wertschätzung.

Dass eine Autoritätsperson auf Anerkennung angewiesen ist, versteht sich von selbst, dem Umstand aber, dass sich der Autoritätsbejahende umgekehrt ebenfalls Anerkennung durch die Autorität verspricht, wird meist wenig Bedeutung beigemessen. Angesichts des sozialontologischen Stellenwerts intersubjektiver Anerkennung für das praktische Selbstverhältnis des Subjekts und angesichts des

---

[1] Galimberti (2007, S. 15).

individuellen Drucks, unter Bedingungen der Knappheit in den verbliebenen engen sozialen Lebensräumen ausreichend Anerkennung zu finden und Ehrverletzungen zu vermeiden, ist dieser Aspekt aber von besonderem Interesse. Angemessen gewürdigt findet er sich bei Popitz: „Wir wollen von denen, die wir besonders anerkennen, besonders anerkannt werden"[2], stellt er fest. Das heißt mit anderen Worten: Das Vertrauen gegenüber der Autorität, der Überlegenheit zuerkannt wird, ist besonders ausgeprägt und führt von der Einstellungsübernahme auch zu Verhaltensanpassungen. Tatsächlich kann man nämlich sagen – ohne die Anerkennungsbeziehungen zueinander in Konkurrenz zu bringen: Zuspruch durch eine Autorität ist im Vergleich zu der Anerkennung sich gegenseitig als emotional bedürftig erfahrender Einzelsubjekte in Liebesbeziehungen keineswegs minder zu bewerten. Im Gegenteil: Ein wesentlicher Unterschied besteht in der Stellung beider Akteure zueinander. Werden Lob und Tadel in der Anerkennungsrelation von der Autorität an den Autoritätsbejahenden, also gleichsam von oben nach unten, gereicht, werden sie – so darf vermutet werden – bei der inneren Repräsentation solcher äußeren Bewertungen stärker gewichtet als jene positiven Rückmeldungen, die unter Gleichgestellten erfahrungsgemäß erwartet werden dürfen. Zuspruch und Bestärkung durch eine Autoritätsperson werden auch deshalb größeres Gewicht verliehen, weil – tautologisch formuliert – eine anerkannte Autoritätsperson mit ihrer Autorität in eins ihren Erfolg im Konkurrenzkampf um Anerkennung immer schon mitrepräsentiert. Die Reziprozität der Anerkennung ist daher nicht den symmetrischen Liebesbeziehungen vorbehalten, vielmehr gleichermaßen Kennzeichen asymmetrischer Autoritätsbeziehungen. Sie bildet den neuralgischen Punkt, an dem über Gelingen oder Scheitern von Autoritätsbeziehungen entschieden wird. Damit widerspricht die polizeifunktionale Autoritätskonzeption der verbreiteten Vorstellung, es käme auf besondere autoritätsstiftende Eigenschaften einer Person an, und betont stattdessen die ergebnisoffene Dynamik von Interaktionen zwischen autoritätsbeanspruchenden und autoritätszuschreibenden Personen, die eben Autoritätsbindungen begünstigen oder erschweren können. Unter dieser Perspektive soll das polizeiliche Handeln nicht wie üblich als rein reaktives Muster betrachtet werden, das „in erster Linie vom Verhalten der zivilen Akteure abhängig" ist,[3] vielmehr soll umgekehrt das polizeiliche Auftreten initial zündend wirken, indem es zum einen die Autoritätsbeziehung herstellt und aufrechterhält und zum anderen den Verlauf der weiteren Interaktion determiniert (s. Abb. 6.1).

---

[2]Popitz (1986, S. 19).
[3]Hunold (2011, S. 171). In der angloamerikanischen Polizeiforschung sei diese Perspektive besonders verbreitet, stellt Daniela Hunold fest.

FASSADE DER POLIZEIAUTORITÄT

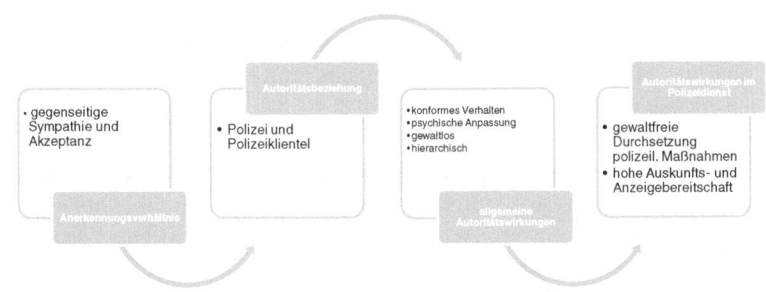

Abb. 6.1 Autoritätsvoraussetzungen und -wirkungen. (Quelle: Eigene Darstellung ©vom Hau)

6.2 Begriffsmontage

Aus den aufgeführten Spezifika lässt sich nun die Neukonzeption einer polizeifunktionalen Autorität idealtypisch formulieren. Durch Hinzufügung des Postulats gegenseitiger Anerkennung und unter der nun bescheideneren Maßgabe, statt in erster Linie allgemein moralisch, konkreter an den polizeilichen Aufgaben orientiert funktional zu operieren, wird aus der unverbrüchlichen Autorität früherer Tage, deren Charakteristika im Folgenden noch einmal zusammengetragen werden, eine funktionale Autorität.

a) Allgemeine Voraussetzungen:
Da Autorität stets eine positive Einschätzung des Anerkennenden voraussetzt, muss auch für polizeifunktionale Autorität die Prämisse einer gegenüber der Polizei weitgehend positiv eingestellten Bevölkerung gelten. Tatsächlich finden sich für diese Grundannahme viele empirische Belege. Auch in der vom Max-Planck-Institut durchgeführten Studie zeigten sich „80 % aller Befragten,

die in den letzten 12 Monaten vor der Befragung Kontakt mit der Polizei hatten, […] sehr oder eher zufrieden mit dem letzten Polizeikontakt".[4] Die in dieser und anderen Studien dokumentierte Bestätigung der Polizeiarbeit in der Öffentlichkeit soll hier als Beleg dafür genügen, dass Autoritätsansprüche der Polizei nicht schon im Vorhinein an einer polizeifeindlichen Grundeinstellung scheitern müssen.

Auf dieser Basis dann Polizeiautorität neu zu installieren, setzt allererst voraus, dass Polizeibeamte auch in der Praxis mit dem Anspruch auftreten, als Autorität zu gelten, und erfordert außerdem, dass dieser Anspruch vom Klienten erkannt wird.

b) Funktionalität:
Die Autoritätsbeziehung kann als funktional gelten, wenn die Verzahnung des polizeilichen Leitwerts ‚Aufrechterhaltung von Sicherheit und Ordnung' mit dem moralischen Leitwert ‚Achtungserweis' gelingt. Noch einmal anders formuliert: Der Erfolg einer unter Bedingungen reziproker Anerkennung auftretenden Polizeiautorität ist daran zu messen, ob sich die binären Codierungen ‚Achtung/Missachtung' und ‚Ordnungssicherung/Ordnungsgefährdung' als kompatibel erweisen. Verhaltensweisen und Beziehungsmuster zwischen Polizei und Polizeiklientel sind funktional, wenn sie nicht vorrangig moralisch, sondern in ihren Auswirkungen auf Sicherheit und Ordnung zu qualifizieren sind. Die gleichsam unterhalb der allgemein moralischen Bewertung anzulegende praktische Richtschnur der Funktionalität zeigt der Einfluss nehmenden Autorität die funktionalen Systemgrenzen auf. Mit der polizeifunktionalen Neuausrichtung erfährt die Autoritätsbeziehung zugleich den notwendigen Modernisierungsschub, der eine mögliche polizeiliche Einflussnahme auf das in der individualisierten Moderne akzeptable Maß reduziert.

c) Reziprozität der Anerkennung:
Kommunikation ist für soziale Identitäten konstitutiv. Nicht nur die Autoritätsperson, sondern auch der Autoritätsanerkennende ist auf identitätsbejahende Rückmeldung angewiesen. Die Autoritätsbeziehung stabilisiert sich, wenn sie auch von der Polizeiklientel als expressiver Raum wahrgenommen wird, in dem die Erkundung der eigenen Identität stattfinden, die soziale Identität des Autoritätsbejahenden darin also ebenfalls Anerkennung erfahren kann.

Popitz unterscheidet Autoritätsbeziehungen nach der Bedeutung und Wirksamkeit, die der Anerkennung durch eine Autoritätsperson zugemessen wird. Für das Verhältnis zwischen Polizei und Bürger eignet sich weder die

---

[4]Albrecht und Sieber (Hrsg.) (2012, S. 51).

6.2 Begriffsmontage

vollständige noch die latente, also verinnerlichte Autoritätsbeziehung. Eine kontext- und interaktionsunabhängige Fügsamkeit gegenüber der Polizei, deren Autorität tief in die Vorstellungswelt des Autoritätsabhängigen hineinwirkt und über sein Selbstwertgefühl richtet, entspricht – sofern sie bewusst wird – nicht der zeitgemäßen Vorstellung von Unabhängigkeit und Selbstbestimmtheit und weist über die polizeifunktionalen Anforderungen hinaus. Auch als „unvollständige Autorität" können Anerkennungen oder Anerkennungsentzug vonseiten der Polizei im praktischen Vollzug wirksam werden, wobei allerdings „jede Handlung in jedem Kontext interpretationsoffen" ist.[5] Unvollständig bleibt damit auch eine aus der Autoritätsbeziehung erwachsende Macht, zu der das gegenseitige Anerkennungsverhältnis grundsätzlich disponiert.

d) Allgemeine Merkmale:

„Autorität strömt nicht eo ipso aus bestimmten (…) menschlichen Eigenschaften",[6] sondern wird vielmehr aufgrund eines sozialen Status' oder einer sozialen Position zugeschrieben, sodass der Positionsinhaber erst allmählich in die Autoritätsstellung hineinwächst. Der Polizeibeamte, der Autorität beansprucht, kann sich auf seine mit exklusiven Befugnissen und besonderen Kompetenzen ausgestattete Position als Amtsinhaber berufen. Von wenigen Ausnahmen abgesehen erwächst dann eine Anerkennung seiner Autorität üblicherweise nicht aus herausragenden autoritätsstiftenden Eigenschaften seiner Person, sondern zunächst bloß aus einer Kompetenzvermutung, die an seine soziale Position gerichtet ist. Vormals konnte die Polizei hierbei meist von einem Vertrauensvorschuss profitieren. Inzwischen ist aber eher zu vermuten, dass in einer Gesellschaft mit geringer Machtdistanz die Nivellierung von sozialen Rängen weiter fortgeschritten ist, sodass kaum eine soziale Position heraussticht, die eher als andere allgemein akzeptierte Privilegien oder gar Autorität beanspruchen könnte. Manchem, der noch als Autorität gelten möchte, gelingt es allenfalls noch, überkommene gesellschaftliche Autoritätsvorstellungen zeitweise zu reanimieren. Derart rückwärtsgewandt auf mögliche Überbleibsel aus vergangenen Zeiten zu spekulieren, verbietet sich für polizeiliches Handeln. Die Herausforderung, ein zwar modernisiertes, aber autoritätsbasiertes Dominanzverhältnis wieder gesellschaftsfähig zu machen, kann nur im Einklang mit den geltenden Paradigmen der Gegenwart gelingen. Vor dem

---

[5]Popitz (1986, S. 29).
[6]Popitz (1986, S. 25).

Hintergrund einer zunehmend autoritätsfeindlichen Grundstimmung sollten Autoritätsansprüche der Polizei daher möglichst exakt auf die Dispositionen und Erwartungen ihrer Klientel zugeschnitten sein. Zur Beschreibung von Autoritätsbeziehungen lassen sich allgemeine und mit dem Anerkennungsanspruch verbundene Erwartungen erfassen, die an eine Autorität und das Verhältnis zu ihr gestellt sind. Gemäß dem idealtypischen Verfahren finden sich unter der Vielzahl infrage kommender Aspekte durchaus Muster von Eigenschaften, Attitüden und Fähigkeiten, die eine Person als Autorität erkennbar werden lassen. Darunter hebt Popitz besonders die „Selbstsicherheit und Eindeutigkeit" hervor. Auch „[v]ermeintliche Reaktionsbereitschaft und die Unbedingtheit der Bewertung" fördern die Abhängigkeit von der Autoritätsperson.[7] Die Maßstäbe, die Autoritäten setzen, werden fraglos übernommen, wenn sie selbstbewusst vertreten werden und selbstevident erscheinen, also „vernünftigem Zweifel entzogen" sind.[8] Die Autorität sollte – so Popitz weiter – „als eine ständig urteilsfähige und urteilsbereite Instanz" und als „besonders emphatisch" erscheinen (siehe Fußnote 8). „Ihr Auge ruht auf dem, was andere tun und lassen. Sie sind interessiert, beteiligt, betroffen" (siehe Fußnote 8). Sind die allgemeinen Voraussetzungen erfüllt, dann fördern diese idealtypischen Besonderheiten die Autoritätsbindung.

e) Wirkungen:
Auf der Grundlage der vier von Popitz markierten Autoritätswirkungen lässt sich eine autoritätsbasierte Sozialbeziehung gestalten, die zumindest drei der genannten Merkmale aufweist, also aus Sicht der Autorität weitestgehend konformes Verhalten bewirkt, waffenlos und hierarchisch ist. Einen derart weitreichenden, nämlich ‚unter die Haut' gehenden Einfluss – ebenfalls eines der von Popitz herausgestellten Merkmale –, können polizeiliche Autoritäten zwar sicherlich in Einzelfällen erreichen, eine solche Reichweite entspricht aber nicht der funktionalen Notwendigkeit. Auch bei nur ‚unvollständiger Autorität' sind positive Effekte zu erwarten, die wohl nicht unter der Haut, aber im Bewusstsein des Autoritätsanerkennenden situations- und interaktionsübergreifend nachwirken.

Im polizeilichen Handlungsfeld ermöglichen diese Beziehungsmerkmale ein stabiles Anordnungsverhältnis, sodass abweichendes Verhalten deutlich reduziert wird und sich polizeiliche Maßnahmen in vielen polizeilichen Alltagssituationen auch ohne Einsatz von Gewalt durchsetzen lassen. Durch

---

[7]Popitz (1986, S. 28).
[8]Popitz (1986, S. 27).

6.2 Begriffsmontage

verbindliches, konsequentes und urteilssicheres Auftreten polizeilicher Autorität lässt sich die Gefahr der Eskalation minimieren, sodass die Polizei letztlich auch eine Aufwertung in der öffentlichen Meinung erfährt.

Für die ordnungssichernden und -erhaltenden Aufgaben der Polizei gewähren Autoritätsverhältnisse folgende konkrete Arbeitsentlastungen:
Im polizeilichen Alltag führt die mit der Autoritätsanerkennung immer schon mitakzeptierte Überlegenheit – auch ohne Zwangsandrohungen – zu großer Wirkungsmächtigkeit. Nicht nur auf Gewalt, auch auf eine umfangreiche Rechtfertigung polizeilicher Maßnahmen kann weitgehend verzichtet werden. Als Kompromiss bietet sich eine für Autoritäten im Polizeialltag zu empfehlende abgekürzte Kommunikationsform an, die zwischen dem diskursiven, Autorität demontierenden Argumentieren und physischem Zwang anzusiedeln ist. Das heißt: Gewalt muss keineswegs – wie Jürgen Habermas annimmt – die einzige Alternative zum gleichberechtigtem Diskurs darstellen. Für Autoritätspersonen eignet sich eine reduzierte, zeitlich begrenzte Form der Kommunikation, die auf diskursive Auseinandersetzungen und das Aushandeln von Geltungsansprüchen verzichtet, sich vielmehr auf die Mitteilung von Informationen beschränkt. Einfache, die Polizeiarbeit begleitende Erklärungen untergraben die Autorität nicht, sondern wirken durchaus autoritätsbindend, während die von Diskursethikern geforderte gemeinsame Konsenssuche

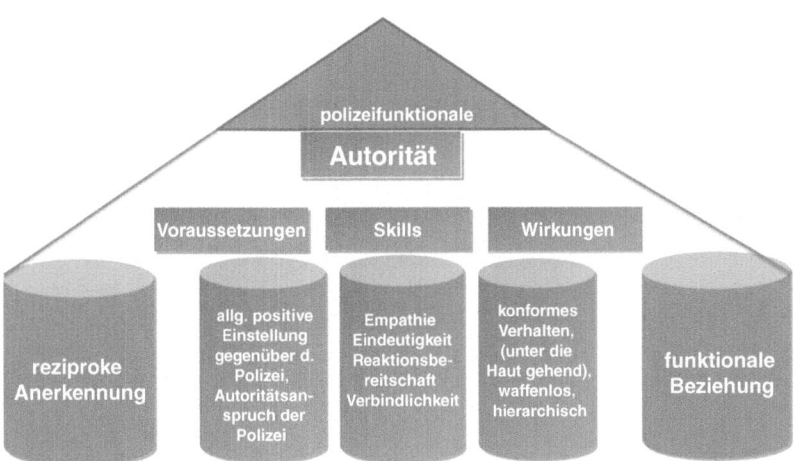

Abb. 6.2 Komponenten polizeifunktionaler Autorität. (Quelle: Eigene Darstellung ©vom Hau)

in einen endlosen Streit münden kann, der auf beiden Seiten zermürbend und immer auch autoritätsuntergrabend wirkt. Denn der Polizeibeamte, der sich – statt nur Auskunftsbereitschaft zu signalisieren – unentschieden und meinungsoffen auf das gleichberechtigte Austauschen von Argumenten einlässt, verliert die Distanz, auf der seine Wirkung als Autorität beruht. Solche formalen Inadäquatheiten der Haltung bzw. des Auftretens können bereits zur Aberkennung der Autorität führen, weil in eins auch dessen besondere Fähigkeiten in Zweifel gezogen werden können. Den Erwartungen des Autoritätsanerkennenden zuwiderzulaufende Haltungen oder auch Handlungen können das Gesamtbild des Polizeibeamten als Autoritätsperson und damit auch das Gesamtbild der Polizei ins Wanken bringen, da jedes Einzelurteil Rückschlüsse auf die Gesamtperson bzw. die durch sie vertretende Organisation nahelegt.

Die funktionierende Autoritätsbeziehung, die eine entschiedene eindeutige und konsequente Vorgehensweise ermöglicht, macht somit langwierige Konfliktlösungsstrategien überflüssig und führt zu einer deutlichen Energie- und Zeitersparnis (s. Abb. 6.2).

Autorität lernen 7

4. These: Polizeiliche Autorität ist nicht angeboren, sondern erlernbar und Bestandteil von sozialen Rollen.

Wie aber können Personen zu Autoritäten werden? Die Ausführungen von Heinrich Popitz zu dieser Frage erinnern weitgehend noch an die traditionelle, als Teil der Weberschen Herrschaftstypologie prominent gewordene Vorstellung, Autorität sei an Charisma gebunden, das nicht per se Amtspersonen qua Beruf anhafte, sondern aus „als übernatürlich … gedachte[n] Gaben des Körpers und des Geistes" erwachse.[1] Es hänge von Persönlichkeitsmerkmalen ab, so Popitz, wer als Autorität anerkannt werde. Entscheidend sei das Zusammentreffen von Eigenschaften mehrerer Personen in bestimmten Konstellationen.[2] Demnach stünde in einer Gesellschaft jeweils nur ein kleiner exklusiver Kreis potenzieller Autoritätspersonen zur Verfügung, nämlich jene mit besonderer Ausstrahlungskraft, die entsprechende Persönlichkeitsmerkmale aufweisen. Unter den Polizeibeamtinnen und -beamten wären demnach nur einzelne dazu berufen, Autorität auszuüben. Haben aber tatsächlich all die Vielen, die nicht mit Autorität begünstigenden Persönlichkeitsmerkmalen ausgestattet sind, keinerlei Chance auf Autoritätsanerkennung? Darf nicht vielmehr vorausgesetzt werden, dass die Plastizität der menschlichen Natur grundsätzlich jedem ermöglicht, die eine Autorität kennzeichnenden Verhaltensmerkmale ebenso wie andere soziale Verhaltensweisen zu erlernen?

Menschliches Verhalten ist nicht instinktgeleitet, sondern wird in der sozialen Welt geformt, ausgehandelt und reguliert. Bevor soziale Bedeutungen als Handlungsmuster im Bewusstsein von Subjekten verankert werden, müssen sie im sozialen Handeln der Subjekte ausprobiert, abgestimmt und vereinbart werden. In Interaktionen werden

---

[1]Weber (2009, S. 132). Siehe dazu auch Popitz (1986, S. 24 f.).
[2]Popitz (1986, S. 24 f.).

für unterschiedliche Situationen soziale Verhaltens- und Beziehungsmuster, Regeln und Normen verabredet, die Handlungsabläufe vorhersehbar machen, die Komplexität von Handlungsoptionen reduzieren und somit eine verlässliche soziale Ordnung schaffen, die Verhaltenssicherheit gewährleistet.

In dieser Perspektive, die der symbolische Interaktionismus eröffnet hat, erscheint auch Autorität nicht als naturgegeben, sondern als eine aus der Kultur erwachsene ehemals ritualisierte und für jeden erlernbare Beziehungsform, die sich ebenso wie andere Beziehungsformen als eine soziale Rolle rekonstruieren lässt und der bestimmte an sie gerichtete Erwartungen, Normen und Verhaltensmuster zugeordnet werden können. Als Kulturerscheinung ist sie zwar – wie andere Bedeutungskontexte auch – weniger tief in der Persönlichkeit verwurzelt, sodass sie den gewöhnlichen sozialen Veränderungsprozessen unterliegt, lässt sich aber in der modernen „Kompetenzgesellschaft"[3] ebenso wie andere Verhaltensoptionen mit der notwendigen zweckrationalen Flexibilität ausstatten und den jeweils spezifischen personalen Eigenschaften und Konstellationen anpassen. Die rollenspezifische Funktion, Autorität auszuüben, setzt dann lediglich voraus, die entsprechenden Rollenerwartungen und -normen zu kennen sowie die Fähigkeiten zu erwerben, auch demgemäß interagieren zu können.

Dieser hier gewissermaßen als Lernziel formulierte Anspruch ist im Unterschied zum charismatischen Autoritätsanspruch Webers äußerst bescheiden: Es ist nämlich gar nicht notwendig, Polizeibeamte tatsächlich in Autoritäten zu verwandeln. Denn die ihnen als Autoritäten zu unterstellenden Eigenschaften müssen nicht die ihnen tatsächlich, sondern nur die ihrer Rolle anhaftenden Eigenschaften sein. Noch einmal anders formuliert: Nicht als Personen, sondern lediglich in ihrer Rolle müssen sie überzeugen.

Passend zum Begriff der Rolle erscheint das Theater, das in der amerikanischen Soziologie Erving Goffman als Modell für die soziale Welt verwendet hat, geeignet, um die Autoritätsrolle der Polizei näher zu beschreiben. Metaphorisch ausgedrückt agiert dann die Polizeiautorität vor Bühnenbild und Zuschauern mit einem standardisierten Ausdrucksrepertoire und Requisiten als Darsteller auf unterschiedlichen Bühnen. Aus dieser rollentheoretischen Perspektive ist Autorität als Bestandteil der sozialen Rolle des Polizeibeamten mit dazugehöriger Haltung, Sprache, Mimik und Gestik als Bestandteil der Polizeiausbildung zu erlernen und kann jeweils in Übereinstimmung mit den realen Gegebenheiten modifiziert werden. Die rollentheoretische Perspektive entkleidet die Autorität außerdem von vormodernen mystifizierenden Vorstellungen und erlaubt eine zweckrationale praxisnahe Ausrichtung an der polizeilichen Wirklichkeit.

---

[3]Erpenbeck und Heyse (1999, S. 30).

7 Autorität lernen

Bevor Polizeiautorität als spezielles Ausdrucksrepertoire einer sozialen Rolle unter Anwendung des goffmanschen Rollenkonzepts entwickelt wird, ist noch auf zwei Besonderheiten hinzuweisen, die einerseits die Polizei als Autorität und andererseits Autorität als soziale Rolle betreffen:

1. Nur in Ausnahmefällen – so erklärt Georg Simmel das Auftreten von Autorität – steigt sie „aus den Qualitäten der Person wie durch generatio äquivoca" auf; statt in dieser Weise als Charisma hervorzutreten kann sie sich aber gleichsam auch von oben auf eine Person niederlassen.[4] Für Polizeibeamte kann Autorität nur eine im letzteren Sinne von oben verordnete Rolle sein. Vergleichbar anderen übergeordneten und durch überindividuelle Institutionen zugewiesenen Positionen werden sie in ihrer Berufsrolle von einer überindividuellen Organisation mit einem Ansehen bekleidet, das aus ihrer je eigenen Individualität nicht erwachsen würde, und stehen dann als Rolleninhaber vor der Aufgabe, die übergeordnete Position konkret auszufüllen.[5]
2. Wegen der Antiquiertheit der Beziehungsform Autorität kann der Polizeibeamte in der ihm oktroyierten Autoritätsrolle aber nicht mehr auf verbreitete Verhaltensschemata zurückgreifen. Denn für die soziale Rolle der Autorität stehen heute keine verlässlichen Rollennormen und -erwartungen zur Verfügung. Soziale Beziehungen oder Interaktionsformen als soziale Rollen zu beschreiben, setzt aber voraus, dass konkrete Zuschreibungen von Verhaltensweisen zu bestimmten Rollen den Darstellern sowie dem Publikum bekannt und diese im Rollenspiel in Form von Verpflichtung und Erwartung verfestigt sind. Wegen der sich längst in Auflösung befindenden Rollenvorgaben darf im Fall des Auftritts von Autoritäten eine stabilisierende Wirkung nicht mehr vorausgesetzt werden. Autorität als Rolle zu spielen zwingt den Rollenspieler also zu einer Modernisierung und Neuverfestigung des alten Verhaltensrepertoires, indem der Freiraum zur individuellen Gestaltung einer Rolle genutzt und die Rolle somit neu kreiert wird.

Unter Berücksichtigung dieser Startbedingungen lässt sich die Rolle polizeilicher Autorität nun in den goffmanschen Begriffen der Rollentheorie präzisieren (siehe Tab. 7.1). Dabei wird vorausgesetzt, dass die Übernahme einer neuen Rolle zunächst einmal an die während der Sozialisierung erlernten Verhaltensmuster anknüpft: „Wenn der einzelne eine neue Stellung in der Gesellschaft übernimmt,

---

[4]Simmel und Rammstedt (1992, S. 162).
[5]Vgl. dazu Simmel und Rammstedt (1992, S. 162).

Tab. 7.1 Definitionen zur Goffmanschen Rollentheorie. (Quelle: Eigene Darstellung ©vom Hau)

Definitionen[a]	
Interaktion	Wechselseitiger Einfluss von Individuen untereinander auf ihre Handlungen während ihrer unmittelbaren physischen Anwesenheit
Darstellung	Gesamttätigkeit eines bestimmten Teilnehmers in einer bestimmten Situation
Publikum (oder Partner)	Alle beteiligten Personen, die zuschauen oder andere Darstellungen beisteuern
Bühne	Szenische Komponenten des Ausdrucksrepertoires
Fassade	Standardisiertes Ausdrucksrepertoire, das der Einzelne im Verlauf seiner Vorstellung bewusst oder unbewusst anwendet
Ensemble	Gruppe von Individuen, die gemeinsam eine Rolle aufbauen
Rolle	Vorherbestimmtes Handlungsmuster, das sich während einer Darstellung entfaltet und auch bei anderen Gelegenheiten vorgeführt oder durchgespielt werden kann

[a]Vgl. Goffman (2013b, S. 18 und S. 23)

wird ihm im allgemeinen nicht in allen Einzelheiten mitgeteilt, wie er sich verhalten soll, und auch die Gegebenheiten seiner neuen Situation bestimmen nicht von Anfang an eindeutig sein Verhalten" – so beschreibt Goffman die Ausgangskonstellation.[6] „Üblicherweise werden ihm nur ein paar Stichworte, Hinweise und Regieanweisungen gegeben, und es wird angenommen, daß er bereits eine große Zahl von Kleinigkeiten und Details der Darstellung in seinem Repertoire hat, die in der neuen Szenerie notwendig werden." (siehe Fußnote 6) Die Grundzüge der goffmanschen Rollenkonzeption lassen sich anhand der Bühnenmetapher – unter Auslassung vieler für polizeiliches Handeln nicht relevanter Details – kurz zusammenfassen: Geht es um das Erlernen einer einzelnen konkreten Rolle, z. B. der Autoritätsrolle, so muss sich der Darsteller ihre, in der vorgefundenen spezifischen kulturellen Konfiguration notwendigen Ausdrucksdetails aneignen. Für einen überzeugenden Auftritt ist weniger bedeutsam, ob der Darsteller, beispielsweise als Autoritätsperson, „selbst an den Anschein der Wirklichkeit glaubt, den (…) [sie] bei seiner Umgebung hervorzurufen trachtet"[7]. Es genügt, bei den Zuschauern den Eindruck hervorzurufen bzw. ihn künstlich zu schaffen, „die Gestalt, die sie sehen,

---

[6]Goffman (2013b, S. 67.)
[7]Goffman (2013b, S. 19).

besitze wirklich die Eigenschaften, die sie zu besitzen scheint, die Handlungen, die sie vollführt, hätten wirklich die implizit geforderten Konsequenzen".[8] Die dabei mit dem Begriff des Rollenspiels metaphorisch assoziierte Mühelosigkeit darf aber nicht darüber hinwegtäuschen, dass die einer Person aufgesetzte oder die selbst gewählte soziale Rolle anders als die Bühnenrolle reale und ernsthafte Folgen haben kann. Anders als in der Fiktionalität des Bühnengeschehens, die gleichsam als Laborversuch kontrollierbar bleibt, experimentiert der Rollenspieler im soziologischen Sinn immer im Feldversuch unter realen Bedingungen. Nicht – wie die Metapher nahelegt – als etwas Kinderleichtes, sondern als etwas über dem Rollenträger Schwebendes, stets Wandelbares und situativ Bedingtes kennzeichnet das spielerische Element die soziale Rolle.

Der Erfolg des Rollenspielers hängt wesentlich von der passenden Fassade ab, die Goffman als „standardisiertes Ausdrucksrepertoire" definiert. Dabei unterscheidet er szenische – auch als im Bühnenbild zusammengefasste – Komponenten und die zur persönlichen Fassade gehörenden „Ausdrucksträger" der Erscheinung und des Verhaltens, die „der Einzelne im Verlauf seiner Vorstellung bewusst oder unbewusst anwendet".[9] Zum äußeren Erscheinungsbild gehören beispielsweise „Amtsabzeichen oder Rangmerkmale, Kleidung, Geschlecht, Alter, Rasse, Größe, physische Erscheinung" und zum Verhalten zählen u. a. die Sprechweise, die Mimik und Gestik.[10] Um der Erwartung des Publikums zu entsprechen, sollten möglichst alle drei Komponenten der Fassade, also das Bühnenbild sowie der Ausdruck in Erscheinung und Verhalten des Rollenspielers weitgehend übereinstimmen. Entspricht beispielsweise das Erscheinungsbild nicht den Vorstellungen des Publikums, sodass dessen Erwartung enttäuscht wird, lässt sich dieser negative Eindruck nicht unbedingt durch ansonsten rollenkonformes Verhalten ausgleichen.

Gewöhnlich werden Fassaden nicht neu geschaffen. Unter den bereits vorhandenen wird sowohl vom Publikum als auch vom Darsteller die für eine Rolle passende ausgewählt. Da also hinter gleichen Fassaden verschiedene Rollen gespielt werden können, gelingt zwischen individueller Darstellung und verallgemeinerter sozialer Rolle nicht immer eine vollständige Übereinstimmung.[11] In der Darstellung erlaubt die Rolle des Polizisten zwar ein hohes Maß an dramaturgischem Ausdruck, da seine rollenspezifischen Interaktionen besonders geeignet sind,

---

[8]Goffman (2013b, S. 19); vgl. dazu auch Goffman (2013b, S. 66).
[9]Goffman (2013b, S. 23 und S. 25).
[10]Goffman (2013b, S. 25).
[11]Vgl. Goffman (2013b, S. 30).

seine Eigenschaften und Fähigkeiten sichtbar werden zu lassen, sich aber in der übergeordneten Rolle als Autorität durchzusetzen, kostet enormen darstellerischen Mehraufwand. Im „Widerstreit zwischen Ausdruck und Handeln"[12] muss ihm gelingen, während der Interaktion sowohl die polizeilichen Aufgaben zu erfüllen, zugleich aber seine Bedeutung bei der Erfüllung der Aufgaben darzustellen. Den beim Publikum erweckten Eindruck beschreibt Goffman als „ein zartes, zerbrechliches Ding (…), das durch das kleinste Mißgeschick zerstört werden kann".[13] Wenn die Ausdruckskontrolle, die für eine möglichst „vollständig homogene Darstellung" sorgt, versagt, kann – wie ein falscher Ton das Klangerlebnis eines ganzen Konzerts – eine deplatzierte Geste oder ein Affekt den Gesamteindruck des Publikums zerstören.[14]

Grundvoraussetzung für eine Vorrangstellung, wie sie beispielsweise eine Autoritätsperson beansprucht, ist die „Wahrung sozialer Distanz".[15] Sofern die Asymmetrie nicht auf natürlicher Überlegenheit, sondern nur auf funktionaler, amtlich verordneter, gehobener Stellung basiert, minimiert die soziale Distanz zwischen Darsteller und Publikum das Risiko der Desillusionierung. Der Abstand erschwert nämlich, dem Darsteller gleichsam in die Karten zu gucken. Empfehlenswert – so Goffman – seien im Rollenspiel weder vollkommene Aufrichtigkeit noch grundsätzliche Unehrlichkeit der Darstellung; im Allgemeinen verkörpere der Darsteller keines der beiden Extreme. Für die Wirkung ist nicht die Realitätsnähe, sondern die Kohärenz der Darstellung entscheidend.

Im Rollenspiel treten nicht nur die Charakteristika einer Person hinter die Charakteristika der Rollenfunktion bzw. der zu bewältigenden Aufgabe zurück; im polizeilichen Kontext ist der einzelne Darsteller auch als Teil eines Ensembles auf die dramaturgische Unterstützung durch andere Ensemblemitglieder angewiesen. Der Auftritt im Team kann die vom Ensemble dargestellte Realität erheblich beeinträchtigen, da es häufig nicht gelingt, unter verschiedenen Situationsdeutungen der Mitglieder Einmütigkeit herzustellen. „Offene Meinungsverschiedenheiten vor dem Publikum erzeugen … [aber] einen Mißklang"[16], die – um eine bestimmte Situationsdefinition aufrechterhalten – nicht coram publico ausgetragen werden sollten, so empfiehlt Goffman. Das gilt insbesondere für Autoritätsensembles, beispielsweise Einsatzgruppen der Polizei: Bei öffentlichem Tadel

---

[12]Goffman (2013b, S. 33).
[13]Goffman (2013b, S. 66 und S. 52).
[14]Goffman (2013b, S. 53, vgl. auch S. 49).
[15]Goffman (2013b, S. 62).
[16]Goffman (2013b, S. 81).

einzelner Ensemblemitglieder wären hier Einbußen der Autoritätsanerkennung für das gesamte Team zu befürchten. Die auf der Bühne bedeutsamen Regeln und Normen, die Darsteller und Zuschauer miteinander verbinden, unterteilt Goffman in zwei Kategorien: Anstandsregeln kommen als Teil des Ausdrucksrepertoires der Erscheinung zur Geltung, während Höflichkeitsregeln in der unmittelbaren Interaktion mit dem Publikum Anwendung finden. Zu den auf der Bühne aber nicht unbedingt im Gespräch wirkenden Anstandsregeln folgt noch eine weitere Unterteilung in moralische und instrumentelle Regeln: „Moralische Forderungen sind Selbstzweck und berufen sich [...] auf Regeln der Nicht-Einmischung und Nicht-Belästigung anderer, Regeln des sexuellen Anstands, Regeln der Ehrfurcht" u. a.[17] Zur Veranschaulichung der auf Pflichten basierenden instrumentellen Forderungen führt Goffman die Sorge für Eigentum, die „Aufrechterhaltung von Arbeitsnormen usw." an (siehe Fußnote 17). Für die Autoritätsrolle bedeutsamer sind aber die Besonderheiten asymmetrischer Höflichkeitsregeln, die nämlich Akzeptanz dafür voraussetzen, „einen anderen anders zu behandeln und von ihm behandelt zu werden, als dieser ihn behandelt und von ihm behandelt wird", und die Besonderheit zeremonieller Regeln, die ein „konventionalisiertes Mittel der Kommunikation" darstellen und durch die man u. a. „seine Einschätzung anderer Teilnehmer" übermittelt.[18] So bieten zeremonielle Regeln die Möglichkeit, durch einen bestimmten Tonfall oder Gesten, Anmaßung oder Unterwürfigkeit zum Ausdruck zu bringen, „durch den Raum, wenn jemand einem anderen den Vortritt lässt ..., durch Aufgaben, wenn jemand eine solche großzügig übernimmt und sie in Gegenwart anderer selbstbewusst und geschickt ausführt, durch die Kommunikationsstruktur, wenn jemand häufiger als die anderen spricht oder mehr Aufmerksamkeit als sie erhält".[19] Die von Goffman ausführlich dargestellte Handlungskomponente der Ehrerbietung hebt die Bedeutung der reziproken Anerkennung als Spezifikum der Autoritätsrolle noch einmal hervor (s. Abb. 7.1 und Tab. 7.1).

Der besondere Akzent gegenseitiger Anerkennung, den George H. Mead im Selbstbezug des Subjekts betont hat, spiegelt sich auch in der Intersubjektivität des Rollenspiels bei Goffman wieder. Als Handlungsanleitung für die Interaktion zwischen Polizei und Polizeiklientel ist hier nun die Prämisse leitend, dass die Ehrerbietung nicht nur als Ausdruck zeremonieller Distanz von der Polizeiautorität eingefordert, vielmehr dass sie als fester Bestandteil der Fassade von

---

[17]Goffman (2013b, S. 100).
[18]Goffman (2013a, S. 60 f.).
[19]Goffman (2013a, S. 63).

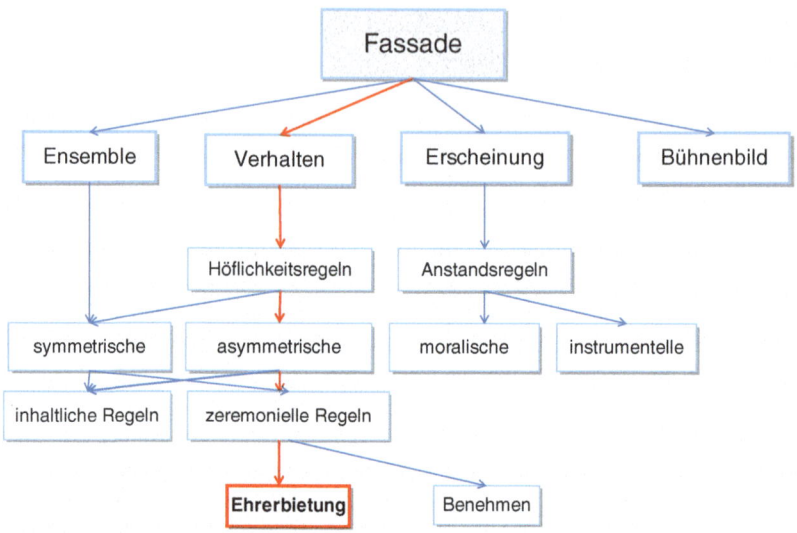

Abb. 7.1 Struktur der Fassade. (Quelle: Eigene Darstellung ©vom Hau)

Autoritätspersonen selbst entgegengebracht wird. Denn seit sich die Bedeutung sozialer Distanz im Zuge der Individualisierung verändert hat, genügt es nicht mehr, zeremonielle Höflichkeitsregeln lediglich anzuwenden, um Rangunterschiede sichtbar zu machen, sondern es muss zugleich darum gehen, sie unter Aufrechterhaltung sozialer Distanz auch für den Rangniedrigeren erträglich und lohnenswert erscheinen zu lassen und somit ihre Akzeptanz zu erhöhen. Dazu eignen sich generell erst einmal Vermeidungsstrategien, die vor allem darauf abzielen, nicht in die persönliche Sphäre des Empfängers einzudringen. Als ein „Kennzeichen von Ergebenheit" bedeutet Ehrerbietung, die Wertschätzung gegenüber dem Empfänger oder „die Wertschätzung dessen, wofür dieser Empfänger als Symbol oder Repräsentant gilt" regelmäßig symbolisch zu übermitteln.[20] Diese Regel lenkt die Interaktion nicht einseitig, sondern basiert auf Gegenseitigkeit: „Ehrerbietung ist geboten, wenn andere nicht in eine Position gebracht werden sollen, in der sie ihre Gesichter verteidigen müssen – womit sich Angriffe auf das Gesicht der anderen verbindet", so versteht Michael Dellwing das reziproke

---

[20]Goffman (2013b, S. 64).

Spiel der Anerkennung bei Goffman.[21] Aber auch durch „Zuvorkommenheitsrituale", wie „Begrüßungen, Einladungen, Komplimente und kleinere Hilfsdienste", zeigen sich Rollenspieler gegenseitig an, was sie voneinander halten.[22] Wie bedeutsam solche Höflichkeitsregeln für die Interaktion und insbesondere für die Aufrechterhaltung des sozialen Friedens sind (siehe Fußnote 22), zeigt sich gerade im polizeilichen Kontext, in dem viele Konflikte entstehen, weil unvermeidbar wird, in die private Sphäre einer Person einzudringen.

Mit dem Rollenspiel sind sowohl Chancen als auch Risiken verbunden: In ihren alltäglichen Interaktionen handeln Menschen meist nicht, wie die Theatermetapher nahelegt, manipulativ in der Absicht, beim Publikum bestimmte Eindrücke hervorzurufen; in ihren erlernten Berufsrollen sind sie aber auf funktionale Zwecke hin orientiert.[23] Von Goffman als ein vorherbestimmtes Handlungsmuster definiert, „das sich während einer Darstellung entfaltet und auch bei anderen Gelegenheiten vorgeführt oder durchgespielt werden kann",[24] ermöglicht die soziale Rolle, ein Ausdrucksrepertoire zielgerichtet einzusetzen, um gewünschte berufsadäquate Verhaltens- und Beziehungsmuster zu verfestigen.

Mit seiner Situationsdeutung und seinem Verhalten, mit denen er den Mitspielern und Zuschauern gegenübertritt, beeinflusst der Rollenspieler deren Deutung der Situation. Als „looking-glass self" („Spiegel-Selbst") reagiert der Darsteller auf von ihm unterstellte Interpretationen seiner Darstellung durch das Publikum.[25] Auch seine Selbstdarstellung ist auf ein Fremdbild bezogen, das lediglich auf Unterstellung basiert. Das heißt bezogen auf die Autoritätsrolle: Wenn der Polizeibeamte keine Autoritätsanerkennung erwartet und sich entsprechend dieser Erwartung verhält, dann droht seine Darstellung zur Self-Fulfilling-Prophecy zu werden. Bringt er aber in seinem Rollenspiel den eigenen Erwartungen entgegenlaufende Überzeugungen zum Ausdruck, dann gelingt es möglicherweise, eine neue soziale Realität mit neuen Bedeutungsmustern zu schaffen. Der Erfolg des Rollenspiels wird schließlich daran zu messen sein, ob im Aushandeln der gegenseitigen Looking-glass-Unterstellungen die gemeinsame Interaktion funktioniert.

---

[21]Dellwing (2014, S. 151).
[22]Goffman (2013b, S. 81).
[23]Dellwing weist daraufhin, dass Absichten in Face-to-Face-Kontakten lediglich unterstellt werden (vgl. Dellwing 2014, S. 107).
[24]Goffman (2013b, S. 18).
[25]Hier greift Dellwing auf ein Konzept von Charles H. Cooley zurück: Der Spiegel bringt zum Ausdruck, dass die Erwartungen nicht wirklich, sondern nur in der Darstellung sichtbar bzw. gespiegelt werden. Vgl. dazu Dellwing (2014, S. 81).

Aus Sicht des Handelnden bleibt dabei das Gegenüber als Person unscharf. Das gilt auch im methodischen Verfahren, wenn man im Rahmen der Berufssozialisation die Autoritätsrolle auf polizeitypische Interaktionen zuschneidet. Für einen solchen Zuschnitt wird beim Polizeibeamten in seiner Berufsausübung Maß genommen, während er als Person ausgeblendet wird und ebenso das polizeiliche Gegenüber bloß als unbekannte Größe in die Berechnung eingeht. Die Gestaltungsmöglichkeiten der aus zwei Relationen bestehenden Autoritätsbeziehung werden hier nur aus dem Blickwinkel der polizeilichen Autoritätsperson beschrieben. Da sie als Initiator dieser Beziehungsform auftritt, lastet auf ihr die anfängliche und dann fortwährende Verantwortung, neben der Erledigung polizeilicher Aufgaben zugleich auch dem Gegenüber die Bedeutsamkeit der polizeilichen Aufgaben und den daraus erwachsenden eigenen Status als Autorität zu vermitteln. Zur tatsächlichen Bewältigung polizeilicher Aufgaben trägt die Autorität nur indirekt bei: Indem sie ein bestimmtes soziales Klima erzeugt, stabilisiert sie die Autoritätsbeziehung. An der Erscheinung und dem Verhalten des Polizeibeamten soll dann für die Polizeiklientel erkennbar werden, in welchem Verhältnis beide interagierenden Parteien zueinander stehen. Nur wenn seine Fassade überzeugt, kann er sein Gegenüber in die gewollte Erwartungshaltung versetzen.

Das hier nur im Ansatz sichtbar gewordene Menschenbild Goffmans muss nicht weiter entfaltet werden. Soviel ist deutlich geworden: der im Rollenspiel auftretende „Goffmensch" – wie ihn Ronald Hitzler nennt[26] – bleibt gewöhnlich hinter seiner Fassade verborgen. Und das aus Interaktionen hervorgehende und das durch „face-work" oder Imagepflege (i. d. deutschen Übers.) zu bewahrende bzw. zu schützende Selbstbild wird nur in Form einer konsistenten, nämlich durch eine von anderen bestätigten Verhaltensstrategie erkennbar.[27] Ebenso steht das Image der Polizei immer von neuem auf dem Prüfstand seiner Alltagsbewährung.

7.1 Autorität als Fassade

Welche Eigenschaften polizeifunktionaler Autorität werden benötigt, um im Einzel- und Streifendienst auftretende reaktive Gewalt zu verhindern? Welche Charakteristika von früher verbreiteter institutioneller Autorität eignen sich für eine Neuinszenierung?

---

[26]Hitzler (1992).
[27]Goffman (2013a, S. 11).

7.1 Autorität als Fassade

Wie bereits in Anlehnung an Popitz festgestellt wurde, entspricht eine Autoritätsperson dem Idealtypus, die sich durch Selbstsicherheit und Eindeutigkeit auszeichnet, deren Handlungen selbstevident erscheinen und stets Urteilsbereitschaft und Urteilfähigkeit sowie Empathie signalisieren. Diese idealtypische Beschreibung sowie die goffmansche Unterscheidung zwischen Bühne, Erscheinung, Verhalten und Ensemble liefern nun die Grundlagen für eine Modernisierung der Fassade polizeilicher Autorität.

7.1.1 Die Bühne – improvisiert

Bei Einsätzen im Streifendienst muss die Polizei meistens auf eine Bühne verzichten. Außerhalb der Polizeiinspektionen oder -wachen agiert sie an allen Orten ihres Dienstbezirks ohne eigene Kulisse. Auch in ihrer Autoritätsrolle ist sie nicht in bestimmten Räumlichkeiten beheimatet, was einerseits nachteilig wirkt, aber auch den Vorteil großer Flexibilität bietet. Sofern es ihr einmal gelungen ist, Autorität geltend zu machen, droht diese nämlich nicht beim Verlassen einer Bühne verloren zu gehen. Diese Unabhängigkeit besitzt beispielsweise der Richter nicht, dessen Autorität nur im Gerichtssaal voll zur Geltung kommt.[28] Auch die brüchig gewordene Autorität des Priesters hat über lange Zeit von dem beeindruckenden Übermaß hoher Sakralbauten und der erhöhten Kanzel profitiert. Allerdings kann eine imposante Bühne, beispielsweise der Behandlungsstuhl beim Zahnarzt, von dort üblichen Interaktionen entlasten oder sie sogar überflüssig machen. Eine fassadengetreue Erscheinung und rollengerechtes Verhalten werden hier gar nicht mehr benötigt. Gegen die Erwartungen des Patienten vermögen sogar die Versuche des Zahnarztes, Eindrücke der Kulisse zu verdrängen, kaum etwas auszurichten, da die Bühne hier meist eine hohe Wirkungsmächtigkeit entfaltet. Im Polizeieinsatz ist es hingegen umgekehrt ratsam, besonders in konfliktträchtigen Situationen die fehlende Bühne z. B. durch die zu den polizeilichen Requisiten zählenden Einsatzfahrzeuge als Bühnenersatz oder als eine Art mobile Bühne zu improvisieren, um das Publikum durch eine Überzahl zum Einsatz kommender Streifenwagen zu beeindrucken. Bei Großlagen lassen sich

---

[28]Dass sich Bühnen auch ungünstig auf eine Rolle auswirken und zu respektlosem Verhalten provozieren können, zeigt sich im Kontakt von Kunden und Personal in Fast-Food-Ketten: Problematisch sei – so der Sozialpsychologe Ulrich Wagner in der Süddeutschen Zeitung –, dass die Theken dort Kunden und Personal trennen. „Die Gäste nehmen sich und die Mitarbeiter als getrennte Gruppen wahr. Unter diesen Bedingungen verschärft sich die Abgrenzung" (zit. n. Hagelüken und Salavati 2015, S. 25).

behelfsweise auch Mannschaftsformationen z. B. Polizeiketten als Bühnenersatz instrumentalisieren. Doch auf seinen Behelfsbühnen gibt es für den Polizeibeamten kaum Rückzugsmöglichkeiten. Vor dem grellen Scheinwerferlicht der Öffentlichkeit schützt ihn nur seine Fassade.

Insgesamt verweist die Rolle der Polizei daher weniger auf die Bühnengestaltung, sondern stärker auf ihre anderen Ausdrucksmöglichkeiten, auf Erscheinung und Verhalten der Polizeibeamten. Das dafür verfügbare Ausdrucksrepertoire erlaubt zwar einerseits – anders als eine bühnenabhängige Rolle – durch Verhaltensänderungen eine reaktionsschnelle Anpassung an wechselnde Einsatzlagen, andererseits hängt das Gelingen des Rollenspiels nahezu ausschließlich von der Interaktion ab. Nicht durch die Wirkung einer Bühne und das Hin- und Herschieben von Kulissen lässt sich polizeiliche Autorität darstellen, vielmehr muss der Autoritätsanspruch im interaktiven Rollenspiel auf der Straße stets von neuem mühsam verteidigt werden. Bühnen-Ersatzfunktion haben hier Uniform und Ausrüstung.

7.1.2 Das äußere Erscheinungsbild: Nullachtfünfzehn statt Extravaganz -

Die äußere Erscheinung allein genügt sicherlich nicht, um einen Autoritätsanspruch anzukündigen oder gar durchzusetzen. Umgekehrt aber können Äußerlichkeiten der Kleidung, der Frisur oder der Körperhaltung Autoritätschancen vereiteln. Die äußere Gestalt einer Person regt allgemein – nicht nur bei Uniformierten – zu Rückschlüssen auf ihre Persönlichkeitsmerkmale an. Mit der besonderen Wirkung uniformen Auftretens durch die Kleidung wird zugleich auch die Einhaltung einer formalisierten Kommunikation verstärkt. Um Kommunikationsmuster durchbrechen und selbst informell gestalten zu können, wird die autonomiegewohnte Polizeiklientel stets bemüht sein, hinter der Gleichförmigkeit die Individualität des einzelnen Uniformierten zur Erscheinung zu bringen. Das äußere Erscheinungsbild vorentscheidet gewissermaßen, ob Autoritätsmerkmale wie Selbstsicherheit, Eindeutigkeit und Urteilskraft zur Geltung kommen können. Denn zu welchen Deutungen oder allgemeinen Kategorien ein Erscheinungsbild auch immer anregen mag, sich anschließende Interaktionen werden dadurch prädisponiert. Auch Glaubwürdigkeit kann, obwohl sie einer Person keineswegs äußerlich anhaftet, schon durch an der Gestalt Sichtbares als begründet oder als zweifelhaft erscheinen.

Daher empfiehlt sich für Autoritätspersonen ein besonders akkurates Erscheinungsbild, das keine unnötigen Interpretationsspielräume eröffnet. Eine für Polizeibeamte gebotene Sparsamkeit im Umgang mit Körperschmuck, Tattoos oder

7.1 Autorität als Fassade

anderen Accessoires verhindert, dass die uniformiert auftretende Polizei nicht in ihrer polizeilichen Rolle wahrgenommen, sondern der individuell geschmückte einzelne Polizeibeamte quasi als Privatperson oder mit anderen sozialen Gruppierungen identifiziert werden kann. Wer sich solchermaßen von außen nicht ausschließlich in seiner Rolle als Amtsinhaber erkennbar macht, sondern als Individuum aus dem Team oder – nach Goffman – aus dem Ensemble hervorsticht, hat bereits die überhaupt erst autoritätsversprechende Rolle des Polizeibeamten verlassen. Man muss davon ausgehen, dass gerade die uniforme Kleidung der Schutz- und Bereitschaftspolizei dazu provoziert, im äußeren Erscheinungsbild nach individuellen Besonderheiten zu suchen, um dem Zwang polizeispezifischer Interaktion auszuweichen. Tritt der betreffende Polizeibeamte hinter seiner Fassade hervor und gestattet seinem Gegenüber einen Blick auf sich selbst, lässt sich diese Art von Freizügigkeit als durchaus willkommenes Angebot zu amtsferner informeller Kommunikation auffassen. Durch solche andersartigen, nicht polizeitypischen Äußerlichkeiten eröffnen sich aber nicht nur neue unerwünschte Deutungsspielräume. Wer solche Angriffsflächen bietet, verliert auch den Schutz, den die Rolle als Polizist gewährt. Indem sich der Polizeibeamte als Individuum disponiert und damit unerwartete, nicht mehr durch das Rollenspiel steuerbare Verhaltensreaktionen provoziert, verlässt er seine Berufsrolle und gefährdet damit nicht nur sich selbst, sondern auch sein Team. Das allseits bekannte Bedürfnis des Einzelnen, aus der Menge herauszutreten und sich als Individuum vom Ensemble abzugrenzen, gefährdet auch die Rolle der Polizeiautorität, da sie ausschließlich als Teil der Berufsrolle der Polizei beansprucht werden kann.[29] Insbesondere die für Autoritäten typische Eindeutigkeit hängt äußerlich von der Einheitlichkeit des polizeilichen Auftretens ab.

Wie erheblich die Erscheinung des Polizeibeamten die Kommunikation mit dem Bürger beeinflusst, hat unlängst der Psychologe Max Hermanutz empirisch überprüft: Eine unordentliche Uniform scheint zum Verlust der Autorität und somit zu erhöhter Gewaltbereitschaft beizutragen, so lautet eines seiner Ergebnisse.[30] In der Studie wurde das Erscheinungsbild der Polizei durch das Weglassen der Schulterklappen, ein offenes oder aus dem Hosenbund hängendes Hemd variiert.[31] Insbesondere für Polizeibeamte, die Respekt beanspruchen, empfiehlt es sich, als Polizei einheitlich gekleidet aufzutreten und die eigene Individualität

---

[29]Dieses Bedürfnis führt auch bei Spezialeinheiten der Polizei gelegentlich zu Abgrenzungsversuchen, indem die Uniformen leicht verändert oder ergänzt werden. Vgl. dazu Behr (2008, S. 112 ff.).
[30]Vgl. Hermanutz (2013, S.107).
[31]Hermanutz (2013, S. 31).

hinter der uniformen Fassade zu verbergen, also auf jeglichen sichtbaren Körperschmuck und auf übertrieben modische Frisuren zu verzichten. Im Einsatz sollte die Devise stets lauten: Nullachtfünfzehn statt Extravaganz.

Als Autorität sollte Selbstsicherheit und Eindeutigkeit auch in der Körperspannung zum Ausdruck kommen. Ein demonstrativ lässiges oder unsicheres fahriges Auftreten signalisiert Unkonzentriertheit oder mangelndes Interesse und schwächt die Wirkung einer empathischen, auf gegenseitige Anerkennung setzenden Autorität. Eine zugewandte aufrechte Körperhaltung deutet auf Interesse, aber auch auf Situationskontrolle hin. Es sollte darauf verzichtet werden, die Hände in die Hosentaschen zu stecken, sich anzulehnen oder irgendwo abzustützen. Des Weiteren vermitteln grundsätzlich auch die zur Eigensicherung empfohlenen Maßnahmen eine Autorität begünstigende Körperhaltung.

7.1.3 Das Verhalten – Beziehungsarbeit mit Machtgefälle

Die faktische Asymmetrie der Beziehung zwischen Polizei und ihrer Klientel, die aufgrund der Anordnungsbefugnisse und der Gewaltlizenz der Polizei unvermeidlich ist, sollte durch das polizeiliche Verhalten so gestaltet werden, dass der Klientel die freiwillige Anerkennung polizeilicher Überlegenheit erleichtert wird. Hatte Autorität in ihrer antiquierten Erscheinungsform noch die unumschränkte Unterordnung des Autoritätshörigen vorausgesetzt, so empfiehlt es sich für polizeifunktionale Autorität in einer gemäßigten und auf die Berufsrolle begrenzten Spielart aufzutreten. Das kann allerdings nicht bedeuten, dass polizeiliche Autorität nur in Konfliktfällen als Ultima Ratio abrufbar ist, ansonsten aber gar nicht zur Geltung gebracht wird. Als Notfallprogramm ist sie ungeeignet: Ihre Wirksamkeit resultiert nicht aus einzelnen Verhaltensweisen, sondern aus der sie fundierenden Beziehungsform. Somit sind Autoritätspersonen – wie Partner in der Liebesbeziehung – zur ständigen und mühsamen ‚Beziehungsarbeit' aufgefordert.

Worin besteht die spezielle Beziehungsarbeit aus polizeilicher Sicht? Wichtig erscheint zunächst, deutliche Gesten polizeilicher Überlegenheit nur in situationsspezifischen Eventualfällen zu demonstrieren. Allerdings ist auch in Routinesituationen unbedingt der Eindruck zu vermeiden, die Beziehung wäre symmetrisch. Die Asymmetrie muss in allen Situationen atmosphärisch spürbar bleiben. Andere gesellschaftliche Verhältnisse, in denen längst auf Machtdistanz verzichtet und eine symmetrische Beziehung vorgetäuscht wird, können hier keinesfalls als Vorbild dienen. Mittlerweile deutet vieles daraufhin, dass sich die Fiktion symmetrischer Kommunikation auch zwischen Eltern und ihren Kindern oder zwischen

7.1 Autorität als Fassade

Lehrern und Schülern u. a. nicht einmal durch einen pragmatischen Nutzen legitimieren konnte.[32]

Die Akzeptanz einer auf ungleicher Machtverteilung beruhenden Beziehung wird jedoch erheblich erschwert, wenn aus der Perspektive des sich unterordnenden ‚looking-glass-self' der Verdacht naheliegt, die eigene freiwillige Unterordnung werde nicht einfach als Zeichen von Autoritätszuschreibung, sondern als Eingeständnis von Unterlegenheit oder als Ausdruck von Minderwertigkeit und Schwäche gedeutet. In diesem Fall gerät die Selbstachtung der Klientel in Gefahr, sodass infolgedessen auch die auf Vertrauen basierende Autoritätsbeziehung scheitert. Umgekehrt kann aber auch der Autoritätsanerkennende nur von der Autoritätsbeziehung profitieren, sofern sein Entgegenkommen auf beiden Seiten, also auch seitens der Polizei ein und die gleiche Situationsdeutung erfährt. Der Polizeibeamte steht somit vor der schwierigen Aufgabe, sich – den Deutungsmustern seiner Klientel bedienend – als Autorität zu präsentieren. Das setzt voraus, dass er stets signalisiert, eine freiwillige Unterordnung werde rein zweckfunktional ausgelegt und weder als Unterwerfungsgeste ausgekostet noch zur umfangreichen Machtsicherung missbraucht. Sein Verhalten muss also für den Autoritätsanerkennenden sicherstellen, dass keine Erniedrigungen drohen, dessen Möglichkeiten der Selbstachtung somit gewahrt bleiben. Das ist üblicherweise in Interaktionen der Fall, die von gegenseitiger Wertschätzung geprägt sind.

Zur Vervollständigung der Fassade genügt es, ausschließlich die für die Polizei autoritätsförderlichen Einstellungs-, Verhaltensmuster und -regeln hervorzuheben. Die stark variierenden individuellen Voraussetzungen, wie z. B. sozial-kognitive Dispositionen, bleiben, sofern sie unveränderlich sind, ebenso unberücksichtigt wie nicht intentionales Verhalten und situative Besonderheiten; es sind vor allem die vielen Alltagsroutinen, in denen polizeilicher Autorität eine deeskalierende Wirkung unterstellt wird. Ob es gelingt, sich als Autorität zur Geltung zu bringen, lässt sich nicht auf der Inhaltsebene, sondern auf der darüber liegenden Metaebene der Beziehung ablesen.[33] Kann sich der handelnde Polizist mit seiner Definition der Beziehung durchsetzen, dann gewinnt diese Beziehungsform aber auch Einfluss auf der Inhaltsebene des konkreten polizeilichen Handelns.

In der Praxis führen offenbar Versuche der Polizei, Autorität einzufordern, häufig nicht zu den gewünschten Resultaten. Zumindest weist die empirische

---

[32]Vgl. Vaihinger (1986). Aus der Sicht des Theologen und Philosophen Hans Vaihinger ist menschliches Wissen unabhängig vom Wahrheitsgehalt unter pragmatischen Gesichtspunkten zu bewerten und kann als wahr gelten, sofern es sich nur als nützlich erweist.
[33]Vgl. zur Unterscheidung von Inhalts- und Beziehungsebene Watzlawick et al. (2007, insbes. S. 53–56).

Studie von Ulf Bettermann daraufhin, dass die Fassade, hinter der Polizeibeamte gewöhnlich agieren, in vielen Fällen nicht geeignet ist, um Autorität einzufordern. Die Ergebnisse legen vielmehr die Deutung nahe, dass Polizeibeamte, die „eine Respektierung ihrer Person am Einsatzort" erwarten und Autoritätsverlust beklagen, sich offensichtlich in einem Dilemma befinden: In der „ausgeprägte[n] Erwartungshaltung", dass ihre Autorität anerkannt wird, scheinen sie mit respektlosem Verhalten konfrontiert in ihrer Reaktion darauf wiederum Respektlosigkeit zu provozieren.[34] Durch das beharrliche Festhalten am Autoritätsanspruch, werde nämlich – so Bettermann – „zusätzliches Konfliktpotential am Einsatzort geschaffen"[35]. Ganz in der Logik der hierarchischen Beziehung, aber entgegen der Logik einer Autoritätsbeziehung wächst sogar das Bedürfnis der Polizeibeamten, vom sich Fehlverhaltenden „Unterwerfungsgesten" zu verlangen, so äußerten sich einige der Befragten.[36] Im Vordergrund stehe der „Wunsch nach einem nahezu bedingungslosen Gehorsam des Bürgers", wobei „die Gefahr der Eskalation billigend in Kauf genommen" werde (siehe Fußnote 36). Autoritätserhaltend sollen dann Sanktionen wirken, die unter Ausnutzung aller „zur Verfügung stehenden Instrumente" auch der eigenen Machtdemonstration dienen.[37]

Hierin zeigt sich noch einmal, dass ein Machtgefälle zwischen Polizei und Bürger, das nicht durch eine funktionierende Autoritätsbeziehung geregelt ist, sowohl das Selbstbild des betroffenen Bürgers als auch die polizeiliche Identität bedroht. Zu möglichen Konsequenzen respektlosen Verhaltens befragt äußerten zwei der Probanden: „Sie eskalieren bis zum Widerstand", „Ich verliere mein Gesicht als Polizeibeamter" und „Ich verliere meine Glaubwürdigkeit".[38]

Daraus ist nun keineswegs der Schluss zu ziehen, die Rolle einer Polizeiautorität sei eben unzeitgemäß und lasse sich nicht mehr durchsetzen. Denn in Ermanglung einer Alternative wird die Polizei an ihrer Autoritätserwartung festhalten müssen. Um aus der bei Bettermann beschriebenen Eskalationsspirale herauszukommen, scheint es unerlässlich, ehemals bewährte Selbstdarstellungen der Polizei der veränderten individualisierten Welt anzupassen.

---

[34]Bettermann (2015, S. 170, S. 182). Die Studie kann zwar nicht als repräsentativ gelten, da nur dreißig Hamburger Polizeibeamte befragt wurden, gibt aber heuristisch interessante Anhaltspunkte für die Schwierigkeiten der Polizei im Umgang mit respektlosem Verhalten.
[35]Bettermann (2015, S. 173).
[36]Bettermann (2015, S. 174).
[37]Bettermann (2015, S. 179 und 183).
[38]Ebd. S. 182.

7.1 Autorität als Fassade

Wie in der Studie erkennbar wird, mangelt es offenbar an drei Grundqualifikationen des Rollenspiels[39]:

a) Im Rollenspiel verfügen die Darsteller über einen Spielraum eigener Bewertung und Interpretation der zur Rolle gehörenden Verhaltensmuster und Regeln. Anforderungen der Rolle und ihre Präsentationsform sind somit nicht deckungsgleich, sondern erlauben eine kritische Reserve des Darstellers gegenüber seiner Rolle. Diese *Rollendistanz* ermöglicht überhaupt erst die Instrumentalisierung einer Rolle und schützt sowohl vor Anfeindungen als auch vor einer Überidentifikation. Sie „ermöglicht es den Individuen, von ihren Funktionellen Rollen nicht verschlungen zu werden", erklärt dazu Brumlik.[40] Rollendistanz ist möglich, weil in das Rollenspiel grundsätzlich nur einzelne Eigenschaften oder ein bestimmter Status einer Person, also immer nur „ein spezielles Selbst" eingebunden sind.[41] Negative, beispielsweise ehrverletzende Reaktionen auf die eigene Darstellung, lassen sich daher – ohne Gefahr für die Ich-Identität – der Rolle anlasten. Angreifbar ist eben nur die in einer bestimmten Rolle behauptete Identität, sodass sich der Rollenspieler innerlich eine Art Autonomie bewahren kann.

b) Trotz der doppelten Inanspruchnahme durch Polizeiarbeit und ‚Beziehungsarbeit' muss gewährleistet sein, dass der agierende Polizist sämtliche Situationen – auch bei unvollständiger, widersprüchlicher oder mehrdeutiger Information – bedeutungsoffen erlebt. Bei fehlender *Ambiguitätstoleranz* können nämlich – so Schmalzl – nicht vorhergesehene Reaktionen der Klientel zu reaktionsverzögernden Irritationen führen.[42] Der Polizeipsychologe erkennt in der Berufssozialisation der Polizei Tendenzen zur Schwarz-Weiß-Malerei, die „in unübersichtlichen bis unlösbar erscheinenden Lebenslagen die Sicht auf einen Konstruktiven Ausweg" versperren.[43] Auch die von Bettermann dargestellten Konfliktsituationen infolge respektlosen Verhaltens des Bürgers zeugen von fehlender Ambiguitätstoleranz der Polizeibeamten.

Aber nicht nur dem Polizeibeamten im Einsatz mangelt es oft an der Fähigkeit, mehrdeutige Eindrücke zu verarbeiten oder Inkonsistenzen zwischen Rollenentwurf, Rollenerwartungen und Reaktionen der Klientel auszuhalten.

---

[39]Vgl. Habermas (1973, S. 118–194).
[40]Brumlik (1973, S. 85).
[41]Goffman (2013a, S. 59).
[42]Vgl. Schmalzl (2008, S. 53).
[43]Schmalzl (2008, S. 55).

Ambiguitätsintoleranz ist weit verbreitet und daher unbedingt auf beiden Seiten, also auch bei der Polizeiklientel zu erwarten. Für die Autoritätsdarstellung empfiehlt es sich daher, durch möglichst eindeutiges Verhalten eine klare Orientierung vorzugeben.

c) Das Rollenspiel erfordert außerdem *Frustrationstoleranz*. In ausweglos erscheinenden Situationen oder bei enttäuschten Erwartungen sichert sie die Fortsetzung der Interaktion. Bei der Polizei kann Frustrationstoleranz ein Über-das-Ziel-Hinausschießen, wie es von den Befragten der Bettermann-Studie geschildert wird, verhindern. Da im Polizeieinsatz stets Handlungsdruck besteht, ist ein Abbruch der Interaktion kaum zu befürchten, wohl aber ein aggressiver Verlauf. Denn positiv gewendet gilt: Je stärker die Frustrationstoleranz ausgeprägt ist, umso seltener treten aggressive Verhaltensreaktionen auf. Um Autorität situationsgerecht durchzusetzen, ist ein kritisches und situationsangepasstes Rollenverständnis erforderlich, das trotz Misserfolgen aufrechterhalten wird.

Als Rollenspieler stehen dem Polizeibeamten viele verbale und nonverbale Möglichkeiten offen, um in einer grundsätzlich asymmetrischen Konstellation Achtung oder Missachtung zu bekunden, dennoch soziale Distanz zu wahren und im Verhalten ebenso wie im äußeren Auftreten als selbstsicher, urteilsfähig, eindeutig, selbstevident und empathisch zu erscheinen. Grundvoraussetzung dafür ist die Fähigkeit der Autoritätsperson sich selbst, seine Affekte und seinen Körper zu kontrollieren. Diese umfassende Kontrollfähigkeit, die man auch als Selbstdisziplinierung bezeichnen kann, ermöglicht es überhaupt erst, rollenspezifische Verhaltensmuster gezielt einzusetzen, also eine Fassade zu errichten. Schon im ersten Augenkontakt – um am Anfang der Interaktion zu beginnen – teilt sich der Darsteller mit. Weder der fixierende oder musternde Blick noch der direkte tiefe Blick in die Augen als Einblick in die Intimsphäre, sind geeignet, soziale Distanz zu wahren und die Individualität des Rollenspielers hinter seiner Fassade zu verbergen.[44] Der Begriffsunterscheidung des Soziologen Jo Reichertz folgend empfiehlt sich eher der Augenkontakt in „normaler Blickeinstellung und aus mittlerer Distanz ..., der ein gewisses Maß an Nähe schafft, jedoch jedem seinen Raum lässt".[45]

---

[44]Reichertz (2010).
[45]Reichertz (2010, S. 265).

7.1 Autorität als Fassade

Beim Sprechen erhöhen angemessene Lautstärke und Geschwindigkeit und eine einfache klare Ausdrucksform die Chance, sich verständlich zu machen. Um den Eindruck zu vermeiden, man rechne beim Gegenüber mit verminderter Intelligenz, sollte man auf unnötige Redundanzen oder Vereinfachungen verzichten. Außerdem ist darauf zu achten, prägnant und in ganzen Sätzen zu sprechen, auf ironische oder sarkastische Untertöne zu verzichten und nicht besserwisserisch zu erscheinen. In der sprachlichen Kommunikation drohen zahlreiche weitere Fallstricke, da schon im Moment, in dem „jemand zu sprechen beginnt", es dem gemeinten Empfänger möglich wird, „ihn zu beleidigen, indem dieser ihm nicht zuhört oder ihn für naseweis, verrückt oder beleidigend hält mit dem, was er gesagt hat"[46]. Schon „Unterbrechungen und Unaufmerksamkeiten" können – laut Goffman – Missachtung signalisieren.[47] Die Beachtung allgemeiner Höflichkeitsregeln ist daher für die Kommunikation nicht nur beim Sprechen, sondern auch beim Zuhören unverzichtbar. Um soziale Anerkennung zu bekunden, sollte der Polizeibeamte interessiert wirken und bei fehlerhafter Sprache seines Gegenübers Geduld zeigen, den Redner möglichst nicht unterbrechen, nur verbessernd eingreifen oder sachlich nachfragen, wenn andernfalls Missverständnisse drohen. Fragen sollten generell beantwortet werden. Möglicherweise während der Interaktion aufkommende Aversionen gegenüber der Polizeiklientel sollten grundsätzlich hinter dieser Fassade verborgen bleiben. Das sollte gleichermaßen für Vorurteile gelten. Statt voreingenommen zu kommunizieren sollten Polizeibeamte in ihrem Verhalten grundsätzlich Interesse signalisieren, sich aufgeschlossen und flexibel geben[48]. Das polizeiliche Gegenüber sollte in der Kommunikation keinesfalls den Eindruck gewinnen, sich gegen Voreingenommenheiten der Polizei behaupten zu müssen.

Misslingende Kommunikation wird allerdings nicht nur durch polizeiliches Fehlverhalten hervorgerufen, sondern hat vielfältige Ursachen. Wie der Polizeibeamte aus Sicht des Bürgers verbal auf Provokationen reagieren sollte, haben Max Hermanutz und Wolfgang Spöker untersucht.[49] Auf sprachliche Äußerungen von Personen, die einer Kontrolle unterzogen wurden, z. B. „Das sehe ich nicht ein. Ich glaube, ich muss mal mit Ihrem Chef reden" oder „Euch zeige ich an!"

---

[46]Goffman (2013a, S. 44 f.).
[47]Goffman (2013a, S. 43).
[48]Da im Polizeieinsatz häufig Situationen zu bewältigen sind, in denen Handlungsroutinen durchbrochen werden, hebt auch Hans Peter Schmalzl diese Eigenschaften in ihrer Bedeutung für die Einsatzbewältigung hervor (siehe Schmalzl 2008, S. 52 ff.). Vgl. dazu außerdem Gabriel (2011).
[49]Hermanutz und Spöker (2009).

wurden die Erwiderungen von Polizeibeamten kategorisiert.[50] Mögliche Zusammenhänge zwischen der simulierten polizeilichen Intervention und der jeweils subjektiv empfundenen Wertschätzung des Bürgers wurden zwar nicht überprüft, man darf aber unterstellen, dass sich Gefühle von Achtung oder Missachtung in verbalen Äußerungen widerspiegeln. Die beiden Sozialforscher fanden heraus, dass Antworten der Polizisten, die eine Erklärung lieferten, von den befragten Bürgern die beste Note erhielten. Keine kurzen, witzigen, individuellen oder überheblichen Antworten, sondern nüchtern sachliche Erklärungen wurden von den Bürgern prämiert.[51] Bevorzugt werden also Reaktionen, die sich auf den inhaltlichen Aspekt beschränken, die auf den Beziehungsaspekt abzielenden Provokationen aber unkommentiert lassen.

Unter den Höflichkeitsregeln verbaler Kommunikation eignen sich die von Goffman sogenannten zeremoniellen Regeln, denen die Beziehungsarbeit unterliegt, in besonderer Weise zur Übermittlung von Wertschätzung. Sie regeln nicht die auf der Inhaltsebene kommunizierbaren, substanziellen Handlungen, sondern die Beziehungsebene. Damit sich dort Bürger und Polizei gegenseitig ihre Selbst- sowie ihre Situationseinschätzungen vermitteln können, muss „zeremonielle Distanz"[52] gewahrt bleiben, zumal die Beziehung durch Asymmetrie vorbelastet ist. Mittlerweile werden in der Gesellschaft „Rangunterschiede als eine so große Gefahr für das Gleichgewicht des Systems angesehen, daß der zeremonielle Aspekt des Verhaltens nicht als eine Art bildlichen Ausdrucks dieser Differenzen fungiert, sondern als ein Weg, sie sorgfältig auszugleichen".[53] Solche zum Ausgleich von Machtdistanzen von Goffman bereits 1967 in einigen amerikanischen Organisationen beobachteten Manöver beherrschen mittlerweile auch die Kommunikation in deutschen Einrichtungen. In polizeilichen Handlungskontexten eignen sich zeremonielle Regeln jedoch nicht dazu, Rangunterschiede zu verschleiern. Für die Polizei ist eine solche Fassade ungeeignet. Sobald im Rahmen polizeilicher Maßnahmen die Klientel beispielsweise angefasst, durchsucht oder fixiert werden muss, tritt das Machtgefälle offen zutage und wird für die Polizeiklientel auch unmittelbar spürbar. Das Eindringen in die persönliche Sphäre des Gegenübers ist im Polizeieinsatz häufig unumgänglich. Schon die Intimsphäre betreffende Nachfragen können als ehrverletzend empfunden werden. Eine Ausnahmesituation stellt aber der zur Durchsuchung oder Fesselung

---

[50]Hermanutz und Spöker (2009, S. 18).
[51]Hermanutz und Spöker (2009, S. 19).
[52]Goffman (2013a, S. 72).
[53]Goffman (2013a, S. 73).

7.1 Autorität als Fassade

von Tatverdächtigen erforderliche Körperkontakt dar, der von den Betroffenen meist als Grenzverletzung erlebt und bei Gegenwehr vom Polizeibeamten mit Zwang durchgesetzt werden muss. Hier ist sowohl bei der Ankündigung als auch bei der Durchführung besondere Sensibilität und Empathie gefordert. Wie in der Einsatzlage genau zu verfahren ist, sollten die Polizeibeamten bereits untereinander abgestimmt und entschieden haben, bevor sie mit dem Betroffenen kommunizieren. Im Auftreten machen Polizeibeamte dann ihren Autoritätsanspruch geltend, indem sie sicher und urteilskräftig erscheinen, d. h. auch, dass ihre Handlungen nicht im Widerspruch zu ihren Äußerungen stehen und verbale und nonverbale Kommunikationsformen übereinstimmen. Ihre Klientel sollte im Vorfeld über den Ablauf der Interaktion informiert werden, sodass Überraschungsmomente vermieden werden. War nämlich für die Beteiligten im Vorfeld nicht einschätzbar, was passieren würde, kann die Durchführung der Maßnahme Ohnmachtsgefühle, Unbehagen oder sogar Gegenwehr hervorrufen. Das mögliche Vertrauen gegenüber der Polizei als Autorität verwandelt sich dann in Misstrauen gegenüber einer als überlegen erfahrenen Macht. Nicht mehr autonom über den eigenen Körper verfügen zu können, stellt für die meisten Menschen eine elementare Form persönlicher Erniedrigung dar. Der Polizeibeamte sollte sich während der Durchführung solcher freiheitseinschränkenden Maßnahmen stets dieser Besonderheit der Lage bewusst sein. Alle Handlungsabläufe sollten ruhig und sachlich kommentiert werden. Durch die Kommunikation lässt sich dem Tatverdächtigen verständlich machen, dass es keineswegs der Wille des Polizeibeamten ist, dem er sich beugen muss, sondern dass hier allgemeine Vorschriften zum Tragen kommen, denen gegenüber der Polizeibeamte ebenso wie der Tatverdächtige verpflichtet ist. Dann erscheint der Körperkontakt aus der Sicht beider Interagierender als ein vorübergehender Moment, in dem die Vorschriften den Polizeibeamten zu einer Grenzüberschreitung zwingen und ihn kurzfristig von seiner Rollenverpflichtung suspendieren, soziale Distanz zu wahren. Durch die verbal und nonverbal mitgeteilte Empathie des Polizeibeamten erscheint dem Tatverdächtigen der erlittene Autonomieverlust erträglicher. So kann trotz des Machtgefälles und unter Aufrechterhaltung der Polizeiautorität die Situation entschärft werden. Generell sollte auch in polizeilichen Extremlagen die Maxime ‚reziproker Anerkennung' nicht außer Kraft treten. Polizeiliches Verhalten – von notwendigen Zwangsmaßnahmen hier einmal abgesehen –, das vom polizeilichen Gegenüber als Gesichtsverlust erlebt wird, ist unbedingt zu vermeiden. Unumgängliche repressive Maßnahmen lassen sich in ihrer ehrverletzenden Wirkung abschwächen, wenn mit der ruhigen und nüchternen Kommentierung des Geschehens und der weiteren Abläufe dem Betroffenen auch perspektivisch in Aussicht gestellt wird, wann die Rückgewinnung seiner Autonomie erfolgen wird.

Zusammenfassend lässt sich festhalten: Zuallererst ist die Identifikation mit der Rolle der Polizei Grundvoraussetzung dafür, dass der Polizeibeamte hinter seiner Fassade glaubwürdig erscheint. Rollendistanz, Ambiguitätstoleranz und Frustrationstoleranz dienen dem Schutz seiner Fassade als Autorität und befähigen ihn, in allen denkbaren Situationen flexibel zu agieren. Die Achtungserweise gegenüber dem Bürger, die als Grundvoraussetzung polizeilicher Kommunikation in sämtlichen Interaktionsformen zum Ausdruck kommen sollten, werden durch die Einhaltung der genannten Höflichkeitsregeln und durch zeremonielle Distanz gewährleistet. Bei polizeilichen Maßnahmen, die Körperkontakt erfordern, die Handlung also die Fassade einer Distanz wahrenden Autorität konterkariert, lässt sich ehrerbietende Distanz ersatzweise durch die entsprechende Erklärung der Maßnahme sprachlich herstellen. Der nachdrückliche Hinweis auf die gesetzlichen Bestimmungen verstärkt die Bedeutung der Rolle als Polizeibeamter und schützt zugleich das hinter der Fassade verborgene eigene Selbst. Das kann aber nur gelingen, wenn der Polizeibeamte seine durch Kommunikation mitgeteilten Situationsdeutungen durchsetzen, nämlich seinem Gegenüber zur Orientierung vorgeben kann. Um in diesem Sinne stets Herr der Lage zu sein, muss er sich bemühen, eigene Unsicherheiten, Irritationen, Zweifel und Rollenkonflikte usf. hinter seiner Fassade zu verbergen.

Kompetent zu kommunizieren bedeutet: „im richtigen Augenblick das Richtige mit dem richtigen Körperausdruck zu machen", sagt Joe Reichertz.[54] All die Kommunikationsregeln, die Verhaltenseinstellungen und -muster erwirbt man vor allem durch praktische Erfahrung: „Jede Kommunikation ist anders ... Die Fähigkeit, kompetent zu kommunizieren, adressiert dagegen die Fähigkeit, mit Prinzipien und Regeln zu spielen, sie auf die Situation passend zu machen. Diese Fähigkeit erwirbt man vor allem durch Mitspielen oder genauer: durch sehr *häufiges* Mitspielen. Letzteres sorgt dafür, dass einem die Kunst des Kommunizierens in Fleisch und Blut übergeht, sich im wahrsten Sinne des Wortes verkörpert."[55] Aber – so kann man hinzufügen: Verbale und nonverbale Kommunikation und Interaktion lassen sich ebenso gut zunächst theoretisch erlernen und durch praktische Übungen trainieren.

7.1.4 Das Ensemble

Eine letzte Besonderheit der Autoritätsrolle wird sichtbar, wenn man sich einmal von dem Einzeldarsteller distanziert und sein Rollenspiel aus einiger Entfernung betrachtet:

---

[54]Reichertz (2010, S. 273).
[55]Reichertz (2010, S. 270 f.).

7.1 Autorität als Fassade

In eine größere Szenerie eingefügt erscheint dann seine Situationsdefinition als „integraler Bestandteil einer Darstellung, die durch enge Zusammenarbeit mehrerer Teilnehmer geschaffen und gestützt wird".[56] Die den Polizeieinsatz begleitenden Kollegen können das Ansehen der Polizei als Autorität stärken, aber auch herabsetzen. Für sie gilt in besonderer Weise, dass die Glaubwürdigkeit der Darstellung von der „dramaturgischen Kooperation"[57] des gesamten Ensembles abhängt. Unter dem Konformitätsdruck entsteht unter den Teammitgliedern eine starke gegenseitige Abhängigkeit, da sie oft unter Zeitdruck ihre Rolleninterpretation präzise aufeinander abstimmen müssen. Im praktischen Einsatz ist jeder Einzelne gezwungen, sich kompromissbereit zu zeigen. Da sich ihr Rollenspiel an allgemein geltenden Gesetzen, Vorschriften, Erlassen und Leitbildern u. a. orientiert, muss es nicht der kleinste gemeinsame Nenner sein, der die Grundlage ihres Handelns bildet. Für Polizeiteams sind jeweils bestimmte Regeln handlungsleitend, die für alle Ensemblemitglieder übereinstimmende Situationsdeutungen und Handlungsstrategien nahelegen. Wie sich positive Effekte durch Einheitlichkeit in Erscheinung und Verhalten erzielen lassen, wurde bereits aufgezeigt.

Noch ein weiteres – von der Soziologie als Intrarollenkonflikt bezeichnetes – Problem könnte aus der Teamkonstellation erwachsen. Das Agieren in der Gruppe kann nämlich Handlungen provozieren, die nicht primär der Bewältigung der Lage dienen, sondern zuvorderst beeindrucken, Rangordnungen im Team demonstrieren oder – bei misslingender Kommunikation – einen Gesichtsverlust verhindern sollen. Während einer Teamarbeit ist Kommunikation nämlich immer mindestens doppelt adressiert: Sie richtet sich sowohl an den Interaktionspartner als auch an den Teamkollegen, zu dem nicht nur eine Beziehung gegenseitiger Abhängigkeit, sondern auch gegenseitiger Vertraulichkeit besteht, weil für beide Seiten die Fassaden gegenseitig durchschaubar sind.[58] Diese Vertraulichkeit kann zu einem übertriebenen, der Situation nicht mehr angemessenen Rollenspiel verleiten, um den Eindruck auf das Publikum, zu dem auch die polizeiliche Klientel gehören kann, zu verstärken. Die Gefahr besteht, dass sich der direkte Adressat des polizeilichen Einsatzes konfrontiert mit Polizeibeamten, die einander als „Eingeweihte" erkennen (siehe Fußnote 58), in einer Außenseiterrolle wahrnimmt und, um seine Position zu verbessern, Widerstand leistet. Um auf dessen Selbstbehauptungsanspruch und Autonomiebedürfnis Rücksicht zu nehmen, was ja für die Autoritätsanerkennung ebenso grundlegend ist wie das einheitliche Vorgehen,

---

[56]Goffman (2013b, S. 73).
[57]Goffman (2013b, S. 79).
[58]Goffman (2013b, S. 78).

Abb. 7.2 Struktur der Polizeifassade. (Quelle: Eigene Darstellung ©vomHau)

ist ein allzu gleichförmig geschlossenes Auftreten von Polizeiteams unvorteilhaft, unter deren übermächtiger Wirkung sich die Klientel nämlich eher bedroht als anerkannt sieht. Ebenso dysfunktional wirkt aber auch eigenwilliges Handeln einzelner Kollegen, die ihre Rolle als Polizeibeamte instrumentalisieren, um ihren sozialen Status innerhalb des Teams zu erhöhen. Sie avancieren dann zum Hauptdarsteller, während ihre Kollegen sowie der eigentliche Adressat des Einsatzes zu Nebendarstellern und Statisten herabgesetzt werden. Solche aus der Gruppendynamik erwachsenden Selbstdarstellungen ereignen sich auch auf der anderen Seite. Den Kontakt mit der Polizei nutzen Einzelne auch als besondere Herausforderung und Chance, um sich in ihrer Gruppe unter Beweis zu stellen. Eine nähere Beschäftigung mit solchen Phänomenen trägt allerdings zur Vervollständigung der polizeilichen Fassade nichts bei.

Als Ausdruck der polizeilichen Fassade können solche Interaktionsfehler weitreichende Konsequenzen haben. Denn Irritationen im Rollenspiel haben große Außenwirkungen: Finden sie vor Publikum statt, gefährden sie nicht mehr nur den sich exponierenden Kollegen und sein Team, sondern auch das Ansehen der gesamten Polizei (s. Abb. 7.2).

Milieuspezifische Einstellungen zur Autorität 8

5. These: Je negativer oder kritischer die Individualisierung erfahren wird, desto stärker ist die Autoritätsverweigerung ausgeprägt.

Autorität ist ein relationaler Begriff. Nach ausgiebiger Betrachtung der polizeilichen Seite lohnt es sich, auch einen Blick auf die andere Seite zu werfen, auf die Seite der potenziellen Autoritätsbejaher und -verneiner. Denn die polizeiliche Aneignung bestimmter Darstellungs- und Kommunikationsformen liefert noch keine Gewähr dafür, den Autoritätsanspruch der Polizei auf der Straße tatsächlich durchsetzen zu können. Einstellungen des Bürgers und andere situative Bedingungen, die bislang ausgeblendet blieben, können sich auf Autorität als Beziehungsform begünstigend oder nachteilig auswirken. Kenntnisse darüber, die für einen Feinschliff der polizeilichen Fassade zur Durchsetzung von Autorität unerlässlich sind, liefert die Lebensstil- und Milieuforschung, insbesondere die deutsche Milieustruktur, die das Sinus-Institut seit 1982 empirisch ermittelt und seither regelmäßig aktualisiert. In der deutschen Milieulandschaft soll sich das neue Autoritätskonzept erstmals bewähren.

Da sich Menschen hinsichtlich ihres Lebensstils, ihrer Sprache, ihrer Zukunftsvorstellungen, ihrer Einstellungen zu Familie, Arbeit, Konsum, Politik, Kirche, Beruf und Freizeit, ihrer Wertorientierungen u.v.m. unterscheiden, ist davon auszugehen, dass sich Menschen auch erheblich in ihrer Bereitschaft unterscheiden, Autoritäten generell und insbesondere einen Autoritätsanspruch der Polizei anzuerkennen. Ein exakt gleiches polizeiliches Handeln, das in dem einen Fall zur Konfliktlösung führt, kann in einem gleich gelagerten Fall zur Gewalteskalation führen. Um zu ermöglichen, autoritätsbasierte Sozialkompetenzen im Polizeidienst exakter auf die verschiedenen Autoritätstypen abzustimmen, soll in einer differenzierten

Betrachtung – ausgehend von den Ergebnissen der Milieuforschung – versucht werden, eine Typisierung von Autoritätseinstellungen in der Gesellschaft vorzunehmen. Welchen Vorteil hat eine milieuspezifische gegenüber einer isolierten Betrachtung individueller Autoritätseinstellungen? Gelingt es, die gesamte Bandbreite von autoritätsaffinen bis hin zu autoritätsfernen Einstellungen unterschiedlichen Milieus zuzuordnen, dann erscheint die Autoritätseinstellung als Bestandteil eines bestimmten Verhaltensensembles und lässt sich darin gleichsam wie ein Stück in ein Puzzle einfügen. Derart einbettet in die gesamte soziokulturelle Lebenswelt einer Person gewinnt die Autoritätseinstellung nicht nur schärfere Konturen. Die gleichsam anatomischen Kenntnisse ihres Entstehungskontextes, ihrer je eigenen, der Milieulogik folgenden Legitimation, ihrer Gewichtung in Koalition mit anderen Einstellungen und Werten usf. bieten den enormen Vorteil, Reaktionen auf autoritätsbeanspruchendes polizeiliches Handeln schon im Vorfeld verschiedener Einsatzlagen prognostizieren und den Einsatz je nach Lage vorbereiten zu können. Autoritätsansprüche könnten präziser adressiert und polizeiliche Verhaltensmuster jeweils milieuspezifisch angepasst werden.

Dazu bietet sich an im Anschluss an die Lokalisierung von Autoritätseinstellungen im gesamtdeutschen Milieu-Modell an, die Jugendmilieus noch einmal gesondert in den Blick zu nehmen. Das scheint besonders lohnenswert, da an jugendlichen Orientierungen und Lebensweisen der soziokulturelle Wandel frühzeitiger erkennbar ist als in späteren Lebensphasen.

Die milieuspezifische Perspektive noch weiter zu öffnen und auch die Migranten in die Betrachtung miteinzubeziehen, würde voraussetzen, dass sich der vorangehend unterstellte Zusammenhang von Autoritätseinstellungen und Individualisierungserscheinungen auch bei Menschen mit Migrationshintergrund als richtig erweist. Das mag zutreffen, wo die Milieulandschaften der Gesamtdeutschen und Migranten starke Ähnlichkeiten aufweisen. Wegen der Vergleichbarkeit bestimmter Lebensstile und -einstellungen stößt man dann aber zwangsläufig wiederum nur auf vergleichbare Autoritätsbilder, nämlich solche, die sich bereits in den gesamtdeutschen Milieus herauskristallisiert hatten, sodass sich die Suche nach anderen, migrantentypischen Autoritätseinstellungen erübrigt. Tatsächliche Abweichungen – so muss unterstellt werden – weisen hingegen auf eine nicht milieubedingte Heterogenität der Einwanderer hin, deren Autoritätsvorstellungen nicht infolge der Integration durch die Aufnahmegesellschaft, sondern noch durch Sozialisationseinflüsse in den jeweiligen Herkunftsländern geprägt wurden.

Wichtig ist noch darauf hinzuweisen, dass sich der Versuch, Autoritätsbilder verschiedenen Milieus zuzuordnen, lediglich als Anregung für weitergehende empirische Studien versteht. Der im Folgenden konstruierte Zusammenhang von Milieuzugehörigkeit und Autoritätsverständnis bleibt ohne empirische Überprüfung spekulativ und somit nur heuristisch bedeutsam. Als eine Orientierungshilfe für die polizeiliche Praxis liegt mit einer solchen Analyse aber eine klar umrissene Arbeitshypothese vor, die sich im Rahmen einer umfangreichen qualitativen Erhebung empirisch überprüfen ließe.

8.1 Milieulandschaft Deutschland – Ein Überblick über Grundlagen und Ergebnisse der Milieuforschung

Anhand der vormals im Schichtmodell maßgeblichen Parameter: Einkommens-, Bildungs- und Machtchancen, lässt sich die komplexe Sozialstruktur der Gesellschaft nicht mehr erfassen. Dagegen bietet das Panorama der Milieulandschaft ein wesentlich differenzierteres Bild einer Gesellschaft, in der Bildungs- und Machtchancen längst nicht mehr an Einkommenschancen gekoppelt sind. Erst in der Milieustruktur kann sich die gesamte Variationsbreite von Schichtungs- und Lebenslagen in Kombination mit Lebensauffassungen, Lebensstilen und grundlegenden Wertorientierungen entfalten. Auf einer ständig aktualisierten, breiten qualitativen und quantitativen Datenbasis beobachtet das Sinus-Institut seit den 80er Jahren soziale Milieus. Ihre Milieustudien dienen in erster Linie zwar nicht dem sozialwissenschaftlichem Erkenntnisgewinn, vielmehr Marketing-, Produkt- und Kommunikationsstrategien, bieten sich aber ebenso für eine soziologische Sozialstrukturanalyse an. Menschen in Milieus ähneln sich hinsichtlich ihrer sozialen Lage, ihrer grundlegenden Wertorientierungen, Lebensstile und Lebensstrategien sowie Wunschvorstellungen, Ängsten und Zukunftserwartungen.[1] Derzeit werden im Sinus-Modell zehn gesamtdeutsche Milieus unterschieden (s. Abb. 8.1).

Auf der Suche nach verschiedenen Autoritätseinstellungen werden einerseits Ergebnisse der Sinusstudie zugrunde gelegt; außerdem wird ein darauf aufbauendes, aber differenzierteres Modell hinzugezogen, das Carsten Wippermann als Delta-Milieumodell 2011 präsentiert hat.[2] Darin wird die aus neun Basismilieus bestehende Differenzierung durch neunzehn Submilieus ergänzt (s. Abb. 8.2 und 8.3).

---

[1]Vgl. Sinus-Institut (2015).
[2]Von den Sinusmilieus hat sich Carsten Wippermann, „der über viele Jahre im Sinus-Institut die Sozialforschung geleitet hat", distanziert und dazu erklärt: die zwischen Delta- und Sinus-Milieus abweichende Beschreibung der Wirklichkeit liege daran, „dass Sinus seit 2010 nur noch Einstellungstypen misst (unter dem Etikett ‚Milieu'), während Delta wirklich Milieus misst, weil in die DELTA-Milieus in gleicher Gewichtung kulturelle, soziale und materielle Faktoren eingehen (bzw. Werte, Lebensstil, soziale Lage)" (Wippermann 2011, S. 217 f.).

8 Milieuspezifische Einstellungen zur Autorität

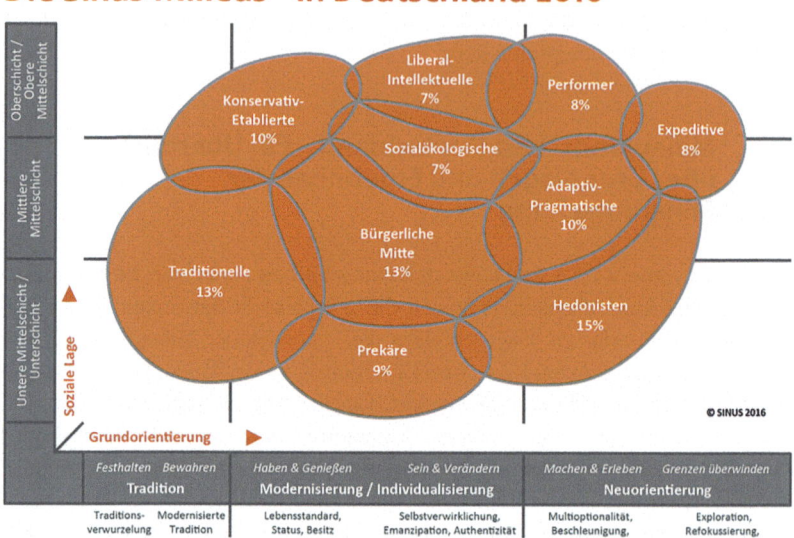

Abb. 8.1 Sinusmilieus 2016. (Quelle: ©Sinus-Institut 2015)

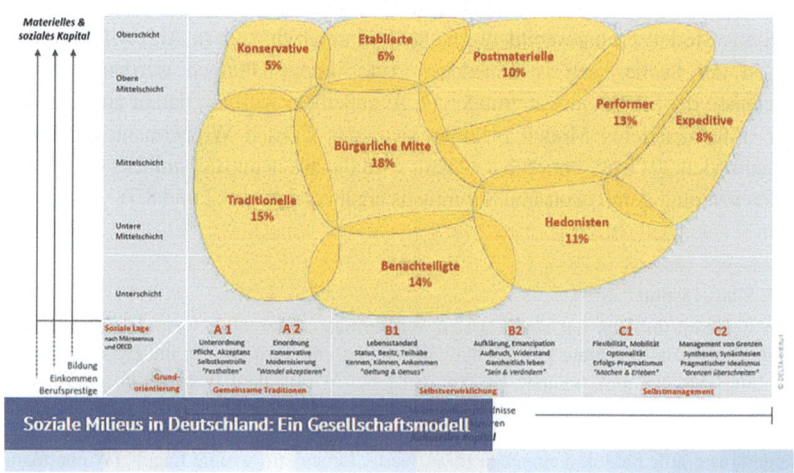

Abb. 8.2 Delta-Milieus. (Quelle: ©Delta-Institut 2016)

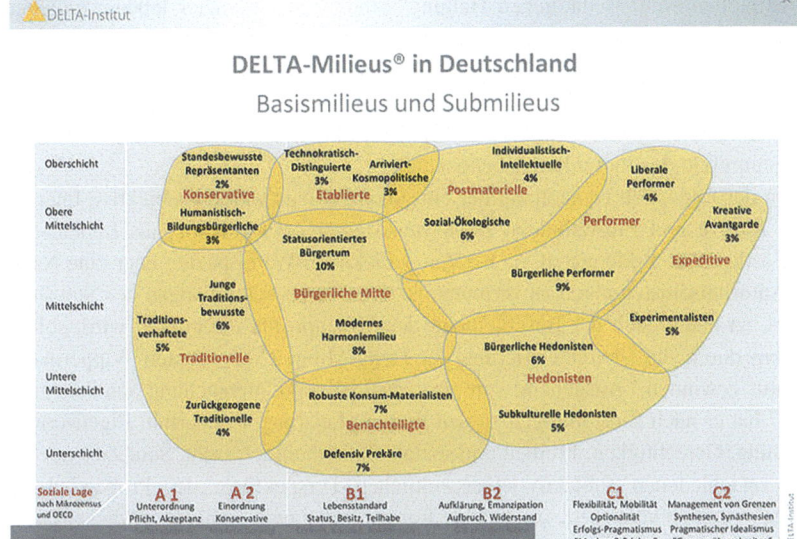

Abb. 8.3 Delta-Submilieus. (Quelle: ©Delta-Institut 2016)

8.2 Autoritätsbilder und Individualisierungserfahrungen im Milieu

In der Autoritätsstudie des Allensbacher Instituts zeigt sich, dass Polizei zwar als Autorität respektiert, ihr aber wenig Vertrauen entgegengebracht wird.[3] Genaueres dazu lässt sich aus der Studie zwar nicht ablesen, man erfährt aber, dass das „Bekenntnis zu Autoritäten wie auch ihre Ablehnung … zum Teil Ausdruck einer

---

[3]Vgl. dazu Petersen (2011, S. 65). Korrelationen zwischen demografischen Daten und Autoritätseinstellungen konnten in der vom Allensbacher Institut für Demoskopie durchgeführten Studie zu ‚Autorität in Deutschland' nicht empirisch belegt werden. In dem „demografischen Portrait" der Probanden wurden die Autoritätsbefürwortenden Antworten nach Merkmalen wie Meinungsführerschaft, Alter, Geschlecht, Schulbildung, Herkunft, politische Gesinnung und Grad des subjektiven Freiheitsgefühls unterschieden. Demografische Übereinstimmungen konnten durch die Regressionsanalyse aber nicht bestätigt werden (vgl. Petersen 2011, S. 77 ff.).

prinzipiellen weltanschaulichen Haltung" sind.[4] Als Parameter lebensweltlicher Grundorientierung sind Weltanschauungen neben zahlreichen anderen Bedeutungs-, Vorstellungs- und Erfahrungswelten, in denen sich das Individuum bewegt, im Milieu-Modell miterfasst. Auch unterschiedliche Folgen der Individualisierung, die sich ebenfalls in den Milieuprofilen abzeichnen, lassen sich im Milieuumfeld des Individuums beobachten.

In der folgenden Darstellung der einzelnen Milieus werden subjektive Interessen, Motive und Einstellungen zu Werten stärker berücksichtigt als Lebensstile und ästhetische Präferenzen, da bei den subjektiven Wertaspekten eher eine Nähe zu Autoritätseinstellungen zu vermuten ist. Die Kurzbeschreibungen des Sinusinstituts, an denen sich die Beschreibung der Milieuprofile orientieren wird, sollen zudem durch die Charakterisierung der Delta-Milieus von Carsten Wippermann Kontur gewinnen.[5] Ausgehend von einer qualitativen Untersuchung aus dem Jahr 2007 hat er nach Einstellungen zu den Werten: Leistung, Solidarität, Eigenverantwortung, Gerechtigkeit, Freiheit und soziale Sicherheit geforscht. Sein Ziel war es, die verschiedenen subjektiv-lebensweltlichen Perspektiven der Probanden zu erfassen und zu verstehen, „in welcher Rangordnung und Architektur" diese Basis-Bausteine der Gesellschaft jeweils zueinander stehen.[6] Aus seinen Ergebnissen lassen sich – unter Ausblendung zahlreicher interessanter Details – auch verschiedene Autoritätseinstellungen ableiten. In den einzelnen Milieus soll außerdem besonders nach Individualisierungstendenzen, d. h. Autonomieansprüchen, Freiheitsbedürfnissen und Milieubedingungen für Achtungs- oder Missachtungserfahrungen gefahndet werden, um den vorangehend behaupteten Zusammenhang zwischen Modernisierungserscheinungen und Autoritätseinstellungen zu überprüfen. Trifft nämlich die Ausgangüberlegung zu, dass der Individualisierungsprozess auf das Verhalten gegenüber Autoritäten abfärbt, müsste auch dieser Zusammenhang in den einzelnen Milieus erkennbar sein. Allerdings lassen sich nicht sämtliche Folgeerscheinungen des Individualisierungsprozesses problemlos den milieuspezifischen Lebenswelten und -stilen zuordnen, sodass sich die Suche nach Milieuunterschieden auf alltäglich erfahrbare und im Milieu erkennbare Individualisierungserscheinungen konzentrieren wird. Die oben dargestellte Dreidimensionalität der Individualisierung wird daher in zweidimensionaler Verkürzung auf die Chancen, die aus hinzugewonnener Freiheit resultieren, und auf die Belastungen reduziert, die aus den damit zugleich auferlegten Eigenverantwortlichkeiten erwachsen. Auf die Autoritätseinstellungen wird also aus den jeweils

---

[4]Vgl. Petersen (2011, S. 96).
[5]Vgl. Sinus-Institut (2015) und Wippermann (2011, S. 93 ff.).
[6]Wippermann (2011, S. 93).

8.2 Autoritätsbilder und Individualisierungserfahrungen im Milieu

milieuspezifischen Leitideen und Lebensperspektiven zwischen Traditionsverwurzlung und Zukunftsausrichtung einerseits und andererseits – abhängig vom Individualisierungsgrad – aus den Freiheitsansprüchen, der Wahrnehmung von Eigenverantwortung sowie den Anerkennungsbedürfnissen geschlossen.

a) Das *Konservativ-etablierte Milieu* setzt sich aus leitenden Angestellten, höheren Beamten, Selbstständigen und Freiberuflern zusammen, die mittleren Alters sind und über hohes Einkommen und mittlere bis hohe Formalbildung (ca. 7,11 Mio.[7]) verfügen. In dem älteren Delta-Modell sind die Etablierten und Konservativen zwei getrennten Milieus zugeordnet, unterscheiden sich aber in ihrer sozialen Lage lediglich in der Altersstruktur – die älteren Konservativen befinden sich häufig schon im Ruhestand.

In ihrer Grundorientierung bezeichnen sich die *Etablierten* selbst als ‚Leistungsträger' und zeigen ein elitäres Standesbewusstsein. Für ihre Leistungsorientierung sind nicht Werte maßgeblich, sondern die für Leistung förderlichen Tugenden. Freiheit wird in diesem Milieu mit ökonomischer Unabhängigkeit und Autonomie verbunden, die aus einem möglichst großen Handlungsspielraum und Eigenverantwortung erwachsen. Privilegien gelten als verdient. Rechtliche und bürokratische Hürden werden hingegen als Fesseln empfunden, so Wippermann.[8]

Gut situiert und selbstbewusst treten auch die *Konservativen* in Erscheinung. Wie die Etablierten zeigen sie allgemein die Tendenz, sich von den anderen Milieus abzugrenzen. Beide streben einen hohen Lebensstandard an. Vom funktionalistisch-individualistischen Standpunkt des etablierten Submilieus hebt sich das in der Hochkultur beheimatete und überwiegend akademisch gebildete Submilieu der Konservativen aber durch ein traditionsbehaftetes familienorientiertes Gesellschaftsbild ab, das vormals dem Bildungsbürgertum eigen war. Der Konservative verteidigt christliche und humanistische Werte und einen Gerechtigkeitsbegriff, der auf Gleichbehandlung basiert. Seine intellektuelle Zeitgeistkritik gilt als konservativ.

Sowohl Konservative als auch Etablierte erheben gleichermaßen einen Führungs- und Autoritätsanspruch, der bei den Konservativen an eine patriarchalische Prägung erinnert und der Traditionswahrung dienen soll, während die Etablierten ökonomische und politische Autorität für sich beanspruchen. Beide Milieusubtypen wurden bislang stärker von der Entzauberungsdimension als

---

[7]Die Größenangaben beziehen sich jeweils auf die „Grundgesamtheit: Deutschsprachige Wohnbevölkerung ab 14 Jahren" (Sinus-Institut 2015, S. 6).
[8]Wippermann (2011, S. 102).

von der Freisetzungsdimension des Individualisierungsprozesses erfasst, worauf beide mit Distinktion reagieren. In ihrer privilegierten Stellung erfahren die Konservativ-Etablierten ausreichend soziale Wertschätzung und haben Einschränkungen ihrer Autonomieansprüche kaum zu befürchten. Herausragende Bedeutung haben die Werte ‚Freiheit' sowie ‚autonome Selbstbestimmung', die auf Leistung basieren und nicht als Individualisierungserfolge wahrgenommen werden. Traditions-, aber auch Solidaritätsverluste und andere Individualisierungskosten werden nicht selbstbezogen, sondern stärker theoretisch – entweder moralisch oder kulturpolitisch – thematisiert.

b) In ähnlicher sozialer Lage stellt sich das *Liberal-Intellektuelle Milieu* (5,04 Mio.) dar: Überwiegend qualifizierte und leitende Angestellte, Beamte und Freiberufler mit hoher bis höchster Formalbildung und hohem Einkommen zählen zu dieser aufgeklärten Bildungselite, die sich durch eine kritische Weltsicht und eine liberale Grundhaltung auszeichnet. Bestimmend ist der Wunsch nach Selbstbestimmung und Selbstentfaltung. Vom Sinus-Institut werden die Liberal-Intellektuellen als kosmopolitisch und postmateriell verwurzelt beschrieben. Sie neigen zu kritischen Auseinandersetzungen und intellektuellen Diskursen verbunden mit dem Wunsch nach Selbstbestimmung, Selbstveränderung sowie Weltdurchdringung und Weltveränderung. In den Delta-Milieus entspricht dieses Milieu dem individualistisch-intellektuellen Submilieu, das sich besonders diskurs- und kritikfreudig zeigt und vielfältigen intellektuellen Interessen nachgeht. Fremde Standpunkte werden akzeptiert, sofern sie rational-stichhaltig begründet sind. Der hohe Selbstbehauptungs- und Autonomieanspruch in diesem Milieu erwächst aus einem starken ‚alltagsmethodologischen Individualismus'[9], der zur Selbstverwirklichung geradezu verpflichtet. Ein ausgeprägtes Selbstbewusstsein lässt keinen Mangel an Anerkennung oder Wertschätzung erkennen.

c) Auch das *Sozialökologische Milieu* (4,82 Mio.) bildet im Delta-Modell nur ein Submilieu und gehörte im älteren Sinus-Modell bis 2010 zusammen mit den Liberal-Intellektuellen zum Milieu der Postmateriellen. Das „engagiert gesellschaftskritische Milieu"[10] verfügt über mittlere bis gehobene Einkommen und eine hohe Formalbildung. Unter qualifizierten und leitenden Angestellten, Beamten und Freiberuflern finden sich vergleichsweise viele Teilzeitbeschäftigte. Die in Wissenschaft und Medien verbreitete sozialökologische Gesellschaftskritik dieses Milieus richtet sich gegen die umweltschädliche Wachstumspolitik und geht mit einer Skepsis gegenüber Globalisierung,

---

[9]Vgl. Wippermann (2011, S. 174).
[10]Sinus-Institut (2015, S. 12).

8.2 Autoritätsbilder und Individualisierungserfahrungen im Milieu

technischem Fortschritt und übermäßigem Konsumverhalten einher. Die Sozialökologischen streben nach individualistisch-emanzipatorischen Selbstverwirklichungswerten,[11] welche sie als Chancen der Individualisierung wahrnehmen. Der zunehmende Verlust von Gemeinsinn und Solidarität wird aber als negative Folgeerscheinung der Individualisierung bemängelt.

Grundsätzliches Misstrauen gegenüber Personen, die mit einem Autoritätsanspruch auftreten, ist sowohl im Liberal-Intellektuellen als auch im sozialökologischen Milieu zu erwarten. Die Skepsis erwächst auch hier weniger aus subjektiven Befindlichkeiten, als vielmehr aus einer weltanschaulichen Grundhaltung. Autonomieverluste oder mangelnde Anerkennung hat man selbst nicht zu beklagen, erkennt aber in der Zukunftsaussicht auf gesellschaftliche Entwicklungen die Schattenseiten der Individualisierung. Das überaus kritische Bewusstsein des Liberal-Intellektuellen und der Kulturpessimismus der Sozialökologischen richten sich sowohl retrospektiv gegen alte Autoritätsbeziehungen als auch zukunftsbezogen gegen drohende Autonomieverluste und Abhängigkeiten.

d) Auch die ‚multi-optionale, effizienzorientierte Leistungselite' der *Performer*, (5,68 Mio.) die über besondere IT- und Multimedia-Kompetenz verfügt und als Konsum- und Stil-Avantgarde gilt, zählt zu den Haushalten mit hohen Einkommen und hohem Bildungsniveau. Auch hier ist der Anteil der Selbstständigen und Freiberufler relativ hoch. Die deutlich jüngere Altersstruktur dieses Milieus schlägt sich allerdings in den Grundeinstellungen nieder: Sie werden als unkonventionell, flexibel, autonom und antikollektivistisch (egozentrisch) beschrieben. Werthaltungen sind an den eigenen Bedürfnissen ausgerichtet. Freiheit wird mit der Überwindung von Schranken gleichgesetzt, wobei sich die Performer als besonders frustrationstolerant erweisen. In diesem Milieu sind starke Individualisierungstendenzen bemerkbar.

e) Die junge „ambitionierte kreative Avantgarde"[12] der *Expeditiven* (5,61 Mio.), der auf einem gehobenen Bildungsniveau ein überdurchschnittliches Einkommen zur Verfügung steht und die sich aus mittleren Angestellten, Freiberuflern, Selbstständigen, aber auch aus Auszubildenden, Schülern und Studenten zusammensetzt, wird als aufgeschlossen, optimistisch und tolerant, aber auch als provokant und nonkonformistisch beschrieben. Die Expeditiven verfolgen egoistische Lebensstrategien und zeigen dabei große Mobilität. Die Individualisierung wird hier überwiegend als Chance zu Freiheit und Selbstentfaltung erlebt.

---

[11]Vgl. Wippermann (2011, S. 109 f.).
[12]Sinus-Institut (2015).

Der Zusammenhang zwischen Autorität und Individualität wird sowohl im Milieu der Performer als auch bei den Epeditiven deutlich: Freiheitschancen und Eigenverantwortung werden hier gleichermaßen positiv bewertet. Die Performer haben sich in der individualisierten Welt recht komfortabel eingerichtet. In ihrer stark selbstbezogenen und selbstbewussten Perspektive werden soziale Nachteile, von denen sie selbst nicht betroffen sind, weitgehend ausgeblendet. Wie die Performer lassen auch die Expeditiven, die gleichermaßen vom Individualisierungsprozess profitieren, deutliche Skepsis gegenüber Autoritäten erkennen. Mit ihnen assoziieren sie unangenehme Freiheitseinschränkungen, die sich nicht mit dem enormen Autonomieanspruch vertragen. Funktional gerechtfertigte Autoritätsansprüche können in diesem Milieu aber durchaus Anerkennung finden. In diesem jüngsten Milieu rangieren Lebens- und Entdeckungsfreude auf der Werteskala ganz oben. Hier gilt Individualität als Wert, den es zu verteidigen gilt. In globalen Gemeinschaften von Gleichgesinnten Anerkennung zu finden, fällt in diesem Milieu leicht.

f) In der *Bürgerlichen Mitte* (9,17 Mio.) sind mittleres Einkommen und mittlere Bildungsabschlüsse verbreitet. Das Milieu setzt sich größtenteils aus Facharbeitern, Handwerkern, Beamten und einfachen oder mittleren Angestellten zusammen. Es gilt als gemäßigt und anpassungsbereit. Angestrebt werden gesicherte und harmonische Verhältnisse. Die soziale Ordnung wird trotz wachsender Abstiegsängste bejaht; Wippermann spricht hier von einem ‚selbstverordneten Optimismus'[13]. Freiheits- und Autonomiebedürfnisse sind vergleichsweise wenig ausgeprägt. Die Bereitschaft, Eigenverantwortung zu übernehmen, ist nicht intrinsisch motiviert, sondern von der individualisierten Gesellschaft auferlegt.[14] Somit gehören die Bürgerlichen weniger zu den Individualisierungsprofiteuren, sondern eher zu den widerstandslosen Individualisierungsskeptikern.

g) Den zur Kriegs- oder Nachkriegsgeneration gehörenden *Traditionellen* (9,39 Mio.) stehen nur kleine bis mittlere Einkommen zur Verfügung, die meist aus Altersrenten oder -pensionen bestehen. Sie haben oft nur eine Hauptschule oder qualifizierte Berufsausbildungen abgeschlossen. Die kleinbürgerliche Perspektive der traditionell Verwurzelten ist von Tugenden wie Bescheidenheit, Sparsamkeit und Pflichterfüllung geprägt. Erkennbar ist teilweise noch eine nationalistische Einstellung und daraus erwachsene Anzeichen von Xenophobie.[15] In ihrer konformistisch-konventionellen Grundhaltung streben die Tradi-

---

[13]Vgl. Wippermann (2011, S. 139).
[14]Vgl. Wippermann (2011, S. 143).
[15]Vgl. Wippermann (2011, S. 133).

8.2 Autoritätsbilder und Individualisierungserfahrungen im Milieu

tionellen nach Sicherheit und Ordnung. Von dem als Werteverfall beklagten gesellschaftlichen Wandel verunsichert leben sie meist zurückgezogen und gehören insgesamt zu den unauffälligen Individualisierungsverlierern. Zusammen mit den Bürgerlichen stehen sie der Individualisierung deshalb insgesamt skeptisch gegenüber. Beide Milieus neigen aber überwiegend zu respektvollem Verhalten gegenüber Autoritäten. Obwohl man weniger aus Überzeugung, sondern eher aus Pflichtgefühl Eigenverantwortung trägt, leisten Menschen in beiden Milieus keinen Widerstand gegen die zunehmende Individualisierung.

h) Das *Adaptiv-pragmatische Milieu* (6,93 Mio.) hat sich im Sinus-Modell erst ab 2011 als eigenständiges Milieu von der Bürgerlichen Mitte abgehoben und unterscheidet sich in der sozialen Lage von den Bürgerlichen nur durch ein im Durchschnitt leicht höheres Einkommens- und Bildungsniveau. In Abgrenzung vom Bürgerlichen Milieu bilden die Adaptiv-Pragmatischen nun die jüngere gesellschaftliche Mitte. Unter den prägnanten Lebensstil-Eigenschaften des Milieus ähneln Kompromissbereitschaft und Sicherheitsorientierung sowie das Bedürfnis nach Verankerung und Zugehörigkeit den Merkmalen des Bürgerlichen Milieus. Zielstrebigkeit und Flexibilität sind aber Ausdruck für einen milieutypischen Lebenspragmatismus eines ‚Statusorientierten Bürgertums‘, das Wippermann als bürgerliches Delta-Submilieu vom „Modernen Harmoniemilieu" abgrenzt.[16] Die im bürgerlichen Milieu bestehende Spannung zwischen Freiheitschancen und ‚riskanten Chancen‘ der Individualisierung ist im Milieu der Adaptiv-Pragmatischen weniger spürbar. Es ist davon auszugehen, dass Autoritäten in ihrer gesellschaftlichen Vorbildfunktion befürwortet werden. Die Zustimmung zu Autoritäten erscheint der Milieu-Logik folgend als eine politisch-praktische Beziehungsform, zu der es keine Alternative gibt. Die gesellschaftlich auferlegte Verpflichtung, für sich selbst und die eigene Familie Verantwortung zu tragen, wird optimistisch gedeutet.

i) Das *Prekäre Milieu* (6,29 Mio.), das bis 2010 die sogenannten ‚Konsum-Materialisten‘ zusammenfasste und zu den unteren Einkommensklassen zählt, besteht überwiegend aus Arbeitern, Facharbeitern, aber auch aus vielen Arbeitslosen, die sich selbst als Benachteiligte betrachten. Bedroht durch soziale Ausgrenzung dominieren hier Pessimismus und Zukunftsangst die Stimmung. Der Eindruck benachteiligt zu sein, fördert den Gegenwartsbezug und führt einerseits zu wachsender Wut, andererseits zu Resignation, Minderwertigkeitskomplexen und dem Gefühl der Überforderung. Migranten

---

[16]Vgl. Wippermann (2011, S. 184 ff.).

und Flüchtlinge werden als Konkurrenz auf dem „sogenannten Jedermann-Arbeitsmarkt" wahrgenommen.[17] Überdies zwingt die individualistische Sicht auch dem Prekären Milieu die Deutung auf, dass nicht Schicksalsschläge, sondern die eigenen autonomen individuellen Entscheidungen für die Lebenslage verantwortlich sind. Für die materiell Notleidenden sind Freiheitschancen kaum einlösbar; Entsolidarisierung und Rechtfertigungsdruck wirken auf diejenigen, die soziale Unterstützung in Anspruch nehmen müssen. Aus der individualistischen Perspektive auferlegter Eigenverantwortung erscheint der Prekäre eindeutig als duldsamer Individualisierungsverlierer.

j) Aufgrund ihrer sozialen Lage ist auch das *Hedonistische Milieu* (10,49 Mio.) größtenteils der Unterschicht zuzurechnen: Unter den einfachen Angestellten und Arbeitern, die über einfache bis mittlere Formalbildung und über ein mittleres Einkommen verfügen, stechen hier viele Personen ohne eigenes Einkommen und ohne abgeschlossene Berufsausbildung heraus. Auf der Suche nach Spannung und Zerstreuung leben die spaß- und erlebnisorientierten Hedonisten in der Gegenwart. Lebensplanung und Zukunftsvorsorge finden nicht statt. Ansprüche werden an die Gesellschaft adressiert, von deren Konventionen sie sich gerne absetzen. Regelverstöße gelten ebenso als cool wie das Image des Underdog.[18] Zur Selbststilisierung gehört auch der Mut zur Provokation. Eigenverantwortung wird ebenso wie die Leistungsanforderungen der Gesellschaft überwiegend abgelehnt, während soziale Leistungen durchaus willkommen sind.

Hier ist zu vermuten, dass Autoritätsverweigerung und Individualisierungskritik aufeinandertreffen. Trotz fehlender Sinnbezüge wird der Zugewinn an Freiheit positiv erlebt, Eigenverantwortung aber abgelehnt. Mit allenfalls mittleren oder geringen Einkommen ausgestattet nehmen sich das Prekäre, aber auch das Hedonistische Milieu als benachteiligt und nicht hinreichend anerkannt wahr, sodass es im Milieuvergleich auch an Wertschätzung als sozialer Ressource eher mangelt.

Unter den beiden Milieus, die den Anforderungen der Individualisierung kaum gerecht werden können, verhalten sich die Prekären gegenüber Autoritäten wahrscheinlich eher ambivalent, während die Hedonisten zu provokativer Ablehnung neigen (s. Abb. 8.4 und 8.5).

---

[17]Bude (2016, S. 124). Nach Einschätzung des Makrosoziologen Heinz Bude neigt eine wachsende Zahl von ‚Verlierern' in der Gesellschaft zu Fremdenfeindlichkeit (vgl. Bude 2016).
[18]Vgl. Wippermann (2011, S. 153).

8.2 Autoritätsbilder und Individualisierungserfahrungen im Milieu

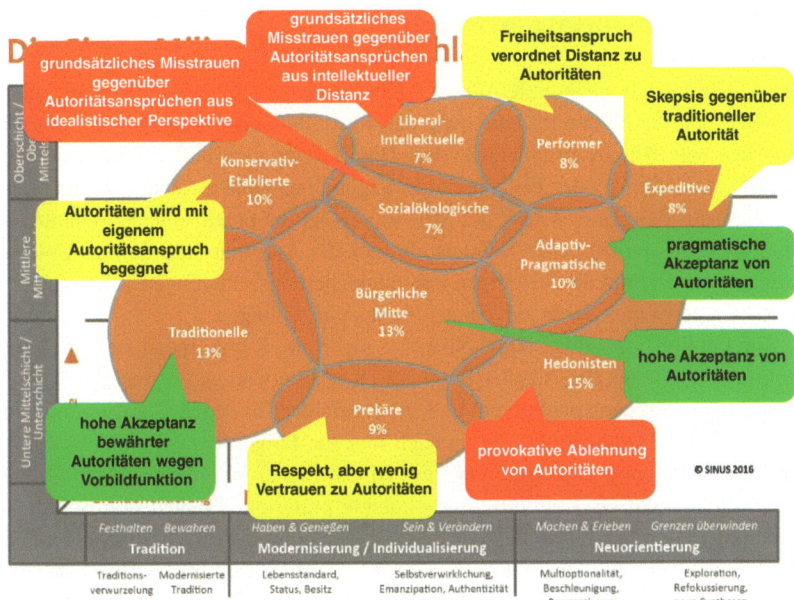

Abb. 8.4 Autoritätseinstellungen in den Sinusmilieus und Autoritätsampel. (Quelle: Eigene Darstellung ©vom Hau und ©Sinus-Institut 2015)

	Individualisierungs-gewinner	Individualisierungs-skeptiker	Individualisierungs-verlierer	
Autoritätsverweigerer		Liberal-Intellektuelle Sozialökologische	Hedonisten	Autoritäts-verweigerer 29%
Autoritätsambivalente	Performer Expeditive	Konservativ-Etablierte	Prekäre	Autoritäts-ambivalente 35%
Autoritätsbefürworter	Adaptiv-Pragmatische	Bürgerliche Mitte Traditionelle		Autoritäts-befürworter 36%

Abb. 8.5 Zusammenhang zwischen Autoritäts- und Individualisierungseinstellungen. (Quelle: Eigene Darstellung ©vom Hau)

8.3 Polizeieinsatz im Milieu

Die Milieudarstellungen liefern zwar keine konkreten Anhaltspunkte, um hinsichtlich der Gewaltbereitschaft oder der Einstellungen gegenüber der Polizei zwischen den Milieus zu unterscheiden. Hierzu seien aber einige Mutmaßungen erlaubt, die auf folgender Plausibilitätserwägung basieren: Es darf erwartet werden, dass aus dem Blickwinkel der Milieus sowohl die potenzielle Autonomiegefährdung durch polizeiliches Handeln als auch der Autoritätsanspruch der Polizei vor dem Hintergrund der jeweiligen Individualisierungserfahrungen ebenso unterschiedlich gewichtet werden wie andere Grundeinstellungen.

Ein im Polizeikontakt vergleichsweise niedriges Konfliktpotenzial ist demnach in den Milieus der Adaptiv-Pragmatischen zu erwarten, die von der Individualisierung durchaus profitieren, und gleichermaßen in denen der Bürgerlichen Mitte und der Traditionellen, wenngleich hier die Folgen der Individualisierung offenbar ein leichtes Unbehagen erzeugt haben. Sicher ist: Gewalt wird in allen drei Milieus nicht als Konfliktlösungsstrategie präferiert. Freiheit und Selbstbestimmung sind zwar Bestandteil der Lebensqualität, rangieren aber meist nicht an erster Stelle, sodass sogar bei polizeilichen Grundrechtseingriffen das Eskalationsrisiko zwar erhöht wird, aber durchaus kalkulierbar bleibt. Eine respektvolle Reaktion auf polizeiliche Autorität ist besonders in dem Traditionellen und dem Bürgerlichen Milieu zu vermuten; aber auch im Adaptiv-Pragmatischen Milieu wird polizeiliche Autorität eher anerkannt; während bei ersteren die Anerkennung aus konventionellen Gründen erfolgt, resultiert sie bei letzteren stärker aus einem Nutzenkalkül.

Wer aus einer privilegierten sozialen Lage mit einer konservativen, intellektuellen oder sozialökologischen Grundorientierung in Kontakt mit der Polizei gerät, fürchtet weder einen Autonomieverlust noch einen Mangel an Wertschätzung. Die eigene, teils elitäre, sozial privilegierte Stellung wird vermutlich höher als der polizeiliche Autoritätsanspruch bewertet, was im Konservativ-Etablierten Milieu erst Problempotenzial entfaltet, wenn tatsächlich polizeiliche Grundrechtseingriffe notwendig werden, während eine grundsätzliche Verweigerung von Autoritätsanerkennung eher im Liberal-Intellektuellen und im sozialökologischen Milieu zu erwarten ist. Über- und Unterordnungsverhältnisse erscheinen aus intellektueller und aus kulturkritischer Sicht nicht hinreichend begründet. Die möglichen Argumentationen sind hier vielfältig. Mit abstrakten philosophischen oder staatstheoretischen Argumenten könnte in diesem Milieu grundsätzlich jeder Autoritätsanspruch als illegitimer Wunsch zurückgewiesen werden, unter Umgehung der üblichen Konsensfindungswege eigene Interessen durchsetzen zu wollen und somit die offene Gesellschaft zu gefährden. Der Liberal-Intellektuelle ist sich

8.3 Polizeieinsatz im Milieu

bewusst, dass letztbegründete Wahrheiten nicht verfügbar sind; diskursethisch betrachtet kann daher ersatzweise nicht eine Autoritätsperson, sondern nur der jeweils kommunikativ ausgehandelte Konsens richtungsweisend sein. Jede Vorrangstellung einer Person muss aus dieser Sicht generell als fragwürdig gelten. Als Bewahrer der Ideen der Aufklärung und in der Rolle als Wächter über die Einhaltung der Gewaltenkontrolle durch Gewaltenteilung beobachten Liberal-Intellektuelle und Sozialökologische gerade die Polizei als Exekutivorgan des staatlichen Gewaltmonopols mit erhöhter Aufmerksamkeit. Auch die Erinnerung an die irrige Idee einer arischen Herrenrasse im Hitlerfaschismus wird in diesen Milieu besonders lebendig gehalten und mit allen neuerlich geltend gemachten Autoritätsansprüchen assoziiert. Darüber hinaus stehen in den gehobenen Milieus zahlreiche weitere Argumentationslinien zur Verfügung, die an dieser Stelle weder weiter verfolgt noch bewertet werden sollen. Von Interesse ist hier lediglich ihr Niederschlag im Verhalten gegenüber der Polizei. Zu Polizeikontakten, bei denen reaktive Gewalt zur Verteidigung der eigenen Freiheit und Würde[19] eingesetzt wird, kommt es in diesen Milieus selten. Es ist hier eher umgekehrt zu vermuten, dass die Missachtung polizeilicher Autorität polizeiliches Fehlverhalten – sogar polizeiliche Gewaltübergriffe – evoziert. Was sich im Kontakt mit liberal-intellektuell und sozialökologisch Orientierten zur Herstellung oder Aufrechterhaltung polizeilicher Autorität eignet, knüpft an den bereits beschriebenen Idealtypus an: Über das verbindliche, konsequente und urteilssichere Auftreten hinaus empfiehlt sich gegenüber der wortgewandten Bildungselite Zurückhaltung im Austausch von Argumenten. Begründungen polizeilicher Maßnahmen sollten sich auf rechtliche Aspekte beschränken, sodass die Kommunikation insgesamt auf das Mitteilen von Informationen reduziert bleibt. Zu bedenken ist außerdem noch: Bei Grundrechtseingriffen, die zu Autonomieverlusten führen, macht sich das in den gehobenen Milieus besonders ausgeprägte Freiheitsbedürfnis bemerkbar und kann wegen dieser besonderen Empfindlichkeit extreme Reaktionen hervorrufen. Durch weitmöglichste Transparenz des polizeilichen Handelns und das In-Aussicht-Stellen zeitnaher Rückgewinnung der eingebüßten Autonomie können Eskalationen verhindert werden.

Auch im Milieu der Performer und der Expeditiven ist Gewalt als Konfliktlösungsstrategie wenig verbreitet. Die Leistungselite des Performer-Milieus, deren aussichtsreiche Zukunftsperspektive zu einer optimistischen Grundhaltung veranlasst, verfügt ebenfalls über ausreichend Selbstbewusstsein, sodass eine wertschätzende Kommunikation als Selbstverständlichkeit vorausgesetzt wird. Die

---

[19]Vgl. zum Gewaltbegriff die Ausführungen im Abschn. 4.2.

Positionierung gegenüber polizeilicher Autorität erfolgt nicht ideologisch, sondern situationsabhängig. Die Anerkennung basiert selten auf fester Überzeugung, sondern erwächst nach funktionalen Erwägungen gegebenenfalls aus Einsicht. Mit traditionellen Autoritätsvorstellungen verträgt sich die unkonventionelle, flexible Grundorientierung beider Milieutypen allerdings nicht. Zur Konfliktvermeidung sollte daher polizeiliche Autorität im Milieu der Performer besonders die Funktionalität ihrer Aktionen und Abläufe hervorheben. Im Expeditiven Milieu, wo das Nutzenkalkül weniger ausgeprägt ist und im Polizeikontakt mit demonstrativem Nonkonformismus zu rechnen ist, erscheint es besonders ratsam, sich gegenüber Provokationen resistent zu zeigen und konsequent zu handeln. Im Vorteil sind dabei Polizeibeamte, die die drei Grundqualifikationen des Rollenspiels beherrschen, also über ausreichend Rollendistanz, Ambiguitäts- und Frustrationstoleranz verfügen. Die Freiheit zur Selbstbestimmung rangiert auf der Werteskala des Expeditiven Milieus noch höher als im Milieu der Performer und wird in beiden Milieus zumindest argumentativ heftig verteidigt. Schon geringe Einbußen an Freiheit werden als Grenzverletzung erlebt und sollten daher – wie auch in den gehobenen Milieus und im Umgang mit den Sozialökologischen – prospektiv kommentiert werden.

Deutlich geringer als in den anderen Milieus liegt die Gewaltschwelle im Hedonistischen Milieu, das man deshalb als das ‚Blaulicht-Milieu' bezeichnen kann. Die Akzeptanz von Gewalt als Problemlösungsstrategie ist in diesem Milieu oft schon eine Folge häuslicher und schulischer Sozialisation. Der Zugewinn an Freiheit wird überaus positiv erlebt, die damit aber zugleich aufgebürdete Eigenverantwortung wird abgelehnt. Die starke Erlebnisorientierung geht vor allem in den hedonistischen Subkulturen mit der Verweigerung einher, sich kontrollieren oder bevormunden zu lassen.[20] Äußerem Druck begegnet der hedonistische Typ mit Verweigerung, Provokationen und Tabuverletzungen. Häufige Diskriminierungserfahrungen, für die hauptsächlich die soziale Lage verantwortlich gemacht wird, disponieren zu einer ablehnenden Haltung gegenüber allgemein gesellschaftlichen und wohlfahrtsstaatlichen Institutionen.

Gelingt aber in diesem Milieu, in dem man sich gerne an Vorbildern orientiert, die Herstellung einer Autoritätsbeziehung, dann ist sie vermutlich belastbarer als in den Milieus der Mitte. Erfahrende Anerkennung und Wertschätzung sind Mangelerscheinungen dieses Milieus. Nicht selten begünstigt fehlende Anerkennung Radikalisierungen und Extremismus. Auch von der Polizei erwartet der hedonistisch Orientierte vermutlich eher diskriminierendes als wertschätzendes

---

[20]Vgl. dazu Wippermann (2011, S. 191).

8.3 Polizeieinsatz im Milieu

Verhalten, sodass ein empathisches und aufmerksames Entgegenkommen von Polizeibeamten gewohnte Kommunikationsmuster durchbrechen und somit deeskalierend wirken kann.

Das stark materialistisch geprägte Prekäre Milieu kann von der Individualisierung am wenigsten profitieren. Den sozial Benachteiligten bietet der Zugewinn an Autonomie kaum Chancen, die soziale Lage zu verbessern. Bei vielen dominiert der Eindruck, chancenlos und sozial ausgegrenzt zu sein. Der dem gesamten Milieu anhaftende Minderwertigkeitskomplex findet sich durch Diskriminierung und Stigmatisierung bestätigt, worauf aber selten provokative, sondern eher resignative Reaktionen folgen. Gewalthandlungen sind meist nicht Ausdruck einer aggressiven Grundstimmung, sondern allenfalls einer defensiven Haltung, die gelegentlich aus Frustration in Aggression umschlagen kann. Streit sucht man nicht, sondern man geht ihm aus dem Weg. Autoritäten stoßen hier zwar grundsätzlich auf wenig Widerstand, da aber das Gefühl der Unterlegenheit bei den ‚Prekären' dominant ist, stehen die Autoritäten als Überlegende unterschiedslos neben anderen Inhabern von Machtpositionen. Deshalb bleibt man auch gegenüber polizeilicher Autorität auf Distanz und zeigt im Polizeikontakt wenig Vertrauen. Inwieweit hier eine wertschätzende Kommunikation noch positive Wirkung erzielen kann, ist in diesem Milieu davon abhängig, wie stark bereits die gesellschaftliche Missachtung auf das Selbstbewusstsein des Einzelnen zurückgewirkt hat.

Die Charakterisierung einer jeweils milieutypischen Ausstrahlung, die zur Subdifferenzierung der Delta-Milieulandschaft von Carsten Wippermann herausgestellt und hier weitgehend übernommen wurde, sind der Tab. 8.1 zu entnehmen.[21]

Nachdem gezeigt werden konnte, welche Autoritätsvorstellungen mit welchen Individualisierungsperspektiven und mit welchen milieuspezifischen Merkmalen verknüpft sind, lässt sich nun abschließend die Frage beantworten, welche Autoritätseinstellungen überwiegen. Dazu bieten sich in der Milieulandschaft zwei verschiedene Betrachtungsweisen an: Ein Autorität begünstigendes Bild zeigt sich, wenn man die Einstellung in den autoritätsambivalenten Milieus als potenzielle Autoritätsakzeptanz interpretiert und ein ungünstiges Bild, wenn man in den Autoritätsambivalenten eher potenzielle Autoritätsverweigerer vermutet. Im Ergebnis zeigt sich jedenfalls: bei weniger als einem Drittel (29 %) der Bevölkerung ist von potenziellem Widerstand gegen Autoritäten auszugehen, während bei ca. zwei weiteren Dritteln autoritätsbefürwortende (36 %) oder -ambivalente Einstellungen (35 %) vorausgesetzt werden können.

---

[21] Vgl. Wippermann (2011, S. 170 ff.).

Tab. 8.1 Charakterisierung der Milieus nach Ausstrahlung (Zusammengestellt nach Wippermann 2011, S. 169 ff.). (Quelle: Eigene Darstellung ©vom Hau)

Milieus	Submilieus	Auftreten/Ausstrahlung
Liberal-Intellektuelle	Individualistisch-Intellektuelle	• Individualistisch, nachdenklich, abwägend, eloquent
Konservativ-Etablierte	Standesbewusste Repräsentanten	• Dominant, reflektiert, standesbewusst
	Kosmopolitisch-Arrivierte	• Aufgeschlossen, liberal, freundlich, kommunikativ
	Technokratisch-Distinguierte	• Entschlossen, dominant, sichere Umgangsformen
	Humanistisch-Bildungsbürgerliche	• Diszipliniert, ausdauernd, belesen, akribisch
Sozialökologische	Sozialökologische	• Empathisch, engagiert, moralisierend, hilfsbereit
Performer	Liberale Performer	• Adrett, gewandt, vielseitig
	Bürgerliche Performer	• Interessiert, umgänglich, aufgeschlossen, undogmatisch, flexibel
Expeditive	Kreative Avantgarde	• Tolerant, begeisterungsfähig, unabhängig, risikobereit
	Experimentalisten	• Selbstbewusst, lässig, ästhetisch eigensinnig, unstet
Bürgerliche Mitte	Statusorientiertes Bürgertum	• Statusorientiert, meinungsführend, dosiert stolz
	Modernes Harmoniemilieu	• Unkompliziert, offen, zupackend, hilfsbereit
Traditionalisten	Junge Traditionelle	• Solide, pragmatisch
	Traditionsverwurzelte	• Langsam, heimatverbunden, konsistent
	Zurückgezogene Traditionelle	• Kontaktarm, leise, demütig, einfach
Hedonisten	Lifestyle-Hedonisten	• Selbst inszeniert, lifestyleorientiert, körperbetonte Kleidung
	Subkulturelle Hedonisten	• Konsequent radikal, Null-Bock-Ausstrahlung
Benachteiligte	Defensiv-Prekäre	• Defensiv, unambitioniert, ängstlich, resigniert

(Fortsetzung)

Tab. 8.1 (Fortsetzung)

Milieus	Submilieus	Auftreten/Ausstrahlung
	Robuste Konsum-Materialisten	• Gesellig, bodenständig, unverstellt

Der Spaziergang durch die gesamtdeutsche Milieulandschaft hinterlässt insgesamt den Eindruck – so kann man die Ergebnisse zusammenfassen –, dass Einstellungen gegenüber Autoritäten darin ebenso vielfältige Erscheinungsformen aufweisen wie auch unterschiedliche Lebensstile darin auftauchen. In ihren Autoritätsbildern stimmen dabei weder die eher an Stabilität noch die mehr an Veränderung Orientierten überein. Auch eine gleiche soziale Lage garantiert keineswegs eine Ähnlichkeit der Autoritätsbilder. Autoritätseinstellungen lassen sich offenbar weder am Einkommens- und Bildungsniveau noch in Kombination mit dem Grad an sozialer Mobilität ablesen. Aber die innerhalb der Milieus vorgefundenen Übereinstimmungen von Autoritäts- mit Individualisierungsverweigerung bzw. -kritik und von Individualisierungsvorteilen mit Autoritätsanerkennung scheinen den zuvor behaupteten Zusammenhang veränderter Autoritätsauffassungen in der Gesellschaft infolge der Individualisierung eindeutig zu bestätigen.

8.4 Polizeieinsatz in jugendlichen Milieus

Jugendliche befinden sich in einer krisenanfälligen Lebensphase, in der schwierige Entwicklungsaufgaben zu bewältigen sind. Wegen des ausgeprägten Risikoverhaltens in dieser Phase bilden Heranwachsende eine Hauptklientel der Polizei. Es lohnt sich daher Grundorientierungen und Lebensstile Jugendlicher in ihrer eigenen Milieulandschaft gesondert in den Blick zu nehmen und dort nach typisch jugendlichen Autoritätseinstellungen zu suchen. Die Sinus-Milieu-Forschung hat 2012 in Deutschland sieben Milieus der 14–17-jährigen Jugendlichen vorgefunden, die zwar deutliche Unterschiede zu der gesamtdeutschen Milieuverteilung aufweisen, bei autoritätsrelevanten Einstellungen allerdings auch deutliche Überstimmungen zeigen.[22] Milieuspezifische Abweichungen zwischen Grundorientierungen von Erwachsenen und Jugendlichen betreffen in erster Linie allgemein sozialpolitische Einstellungen, Zukunftsperspektiven, Ausbildungs- und Berufsvorstellungen und digitale Kommunikationsformen. Auf eine Prognose, wie sich die Individualisierung in dieser frühen

---

[22]Siehe Sinus-Akademie 2012. Eine aktualisierte Sinus-Jugendstudie erscheint im Juli 2016.

SINUS-Lebensweltenmodell u18
Lebenswelten der 14- bis 17-Jährigen in Deutschland

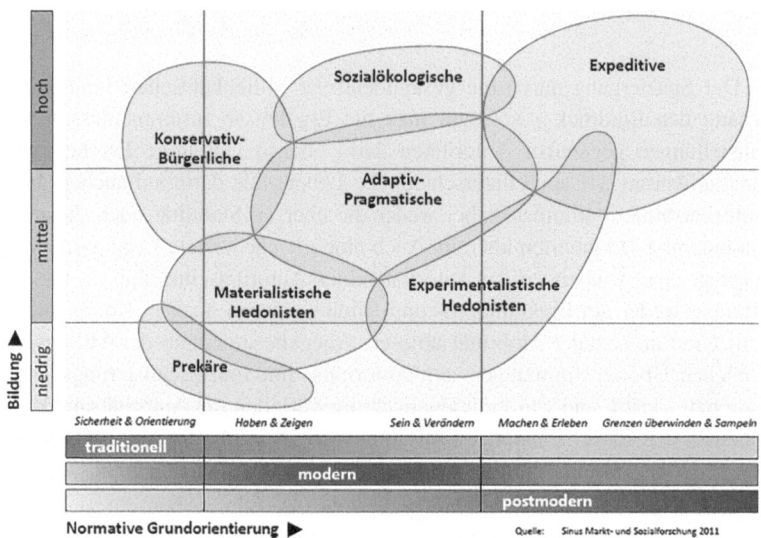

Abb. 8.6 Sinus-Lebensweltenmodell u18. (Quelle: ©Sinus-Akademie 2012)

Lebensphase jeweils in den Milieus auswirkt, wird verzichtet. In der Darstellung und Kennzeichnung der Jugendmilieus werden vor allem Besonderheiten zusammengefasst, die auf von den Erwachsenenmilieus abweichende Autoritäts- und Gewalteinstellungen hindeuten (s. Abb. 8.6).

Die meisten Ähnlichkeiten zu den äquivalenten Milieus im gesamtdeutschen Modell weisen die oben angesiedelten Milieus der Konservativ-Bürgerlichen, der Sozialökologischen und der Expeditiven sowie das in der gesellschaftlichen Mitte befindliche Milieu der Adaptiv-Pragmatischen auf.

Bei den *konservativ-bürgerlichen* Jugendlichen deutet sich allerdings im Vergleich zu den Erwachsenen eine geringere Konfliktbereitschaft im Umgang mit Autoritäten an. Im Milieusteckbrief werden sie als „familien- und heimatorientierte Bodenständige mit Traditionsbewusstsein und Verantwortungsethik" umschrieben.[23] Auf der Werteskala rangieren Ordnung und Sicherheit ganz

---

[23]Calmbach (2012, S. 90).

8.4 Polizeieinsatz in jugendlichen Milieus

oben.[24] Von Ekstase, Aggressivität und Protest distanziert man sich (siehe Fußnote 24). Stattdessen wünschen sich die konservativen Jugendlichen „strukturierte Führung und Anleitung".[25] „Mit Autoritäten haben sie keine Probleme" und verhalten sich überwiegend gesetzestreu.[26] Strafen hält man prinzipiell für richtig.[27] Das die Älteren kennzeichnende elitäre Bewusstsein, dass im Polizeikontakt zu Konflikten führen kann, ist bei den Jugendlichen noch nicht ausgeprägt, sodass in diesem Jugendmilieu die Autoritätsampel noch auf Grün steht.

Im *adaptiv-pragmatischen,* „leistungs- und familienorientierten modernen Mainstream mit hoher Anpassungsbereitschaft"[28] mischen sich bürgerliche Grundwerte auch mit hedonistischen Werten. Jedoch wird das gelegentliche Ausbrechen aus den Alltagsroutinen nicht übertrieben. „In keinem Fall würden sie etwas Gesetzloses tun", erklären die Experten für Jugendmilieus.[29] „Ich hab nix bei der Polizei vorliegen, und das wird auch so bleiben", wird als eine typische Einstellung dieses Milieus von den Autoren zitiert (siehe Fußnote 29). Konflikte im Polizeikontakt sind hier ebenso wenig zu vermuten wie bei den erwachsenen Adaptiv-Pragmatischen, sodass auch hier die Ampel grün anzeigt.

Eine eher autoritätsambivalente Autoritätseinstellung kennzeichnet die *Materialistischen Hedonisten:* Wie die adaptiv-pragmatischen sind auch die materialistisch spaßgeleiteten Jugendlichen stark am Mainstream orientiert. Von der „freizeit- und familienorientierten Unterschicht mit ausgeprägten, markenbewussten Konsumwünschen" werden zwar „aggressive und pöbelnde Jugendliche und ‚Asoziale' (…) ausdrücklich abgelehnt",[30] verteidigt wird aber ein „Recht auf exzessives Feiern als Teil eines freiheitlichen Lebensstils".[31] Einerseits geben sie an, dass ihnen eine Polizeiausbildung als attraktive Berufswahl erscheint,[32] andererseits werden „Kontroll- und Autoritätswerte" abgelehnt.[33] Trotz der Anpassungsbereitschaft in diesem Jugendmilieu kann daher polizeiliche Autorität nicht durchweg mit Zustimmung rechnen.

---

[24] Calmbach (2012, S. 92).
[25] Calmbach (2012, S. 128).
[26] Calmbach (2012, S. 128 und 107).
[27] Calmbach (2012, S. 128). Jugendliche, die durch illegales Downloaden gegen Urheberrechte verstoßen, werden von den Konservativ-Bürgerlichen als „Verbrecher" bezeichnet (vgl. Calmbach 2012, S. 107).
[28] Calmbach (2012, S. 132).
[29] Calmbach (2012, S. 133).
[30] Calmbach (2012, S. 212, 224).
[31] Sinus-Akademie (2012).
[32] Calmbach (2012, S. 233).
[33] Sinus-Akademie (2012).

Auch die *Sozialökologischen* sind den Autoritätsambivalenten zuzurechnen: „Die nachhaltigkeits- und gemeinwohlorientierten Jugendlichen mit sozialkritischer Grundhaltung und Offenheit für alternative Lebensentwürfe" lehnen vor allem Luxus und materiellen Überfluss ab.[34] Wie im gesamtdeutschen Milieu der Sozialökologischen wird ein hoher Freiheitsanspruch verteidigt. Es ist aber zu vermuten, dass sich das Misstrauen gegenüber Autoritäten noch nicht verfestigt hat; bei den Jugendlichen darf vielmehr noch eine eher ambivalente Grundhaltung gegenüber polizeilicher Autorität vorausgesetzt werden. Auch eine Gewaltaffinität ist nicht zu vermuten. Die Teilnahme an Demonstrationen ist Ausdruck sozialen Engagements. Von Leuten aber, die auf Demonstrationen „Bambule machen wollen", distanziert man sich: „Das mag ich überhaupt nicht. Da geht der Sinn auch irgendwann flöten", äußert z. B. ein Jugendlicher dieses Milieus.[35]

Eine ambivalente Autoritätseinstellung deutet sich auch bei den *Expeditiven* an: Die „erfolgs- und lifestyleorientierten Networker" erklären „auf der Suche nach neuen Grenzen und unkonventionellen Erfahrungen" Unabhängigkeit zu ihrem höchsten Wert.[36] Die Unterschiede zu dem Milieu der ohnehin jungen erwachsenen Expeditiven sind gering. Durch eine „intellektuelle und stilistische Überlegenheit", weniger durch „rebellisches Kämpfen" versuchen sie sich vom Mainstream abzugrenzen.[37] Eine Neigung zu aggressivem Verhalten ist nicht zu erkennen, Autonomie und Individualität werden aber zumindest argumentativ verteidigt. Von Steinewerfern auf Demonstrationen distanziert man sich aber;[38] ein soziales Engagement wird ohnehin durch die eher egozentrische Perspektive gebremst. Die unkonventionelle flexible Grundorientierung steht auch im Widerspruch zu traditionellen Autoritäten, denen man deshalb zwar selten gewaltbereit, aber durchaus skeptisch begegnet.

Mit Autoritätsverweigerung ist bei den *Prekären* zu rechnen: Während im gesamtdeutschen Prekären Milieu die benachteiligte soziale Lage häufig bereits in Resignation umgeschlagen ist, erwecken die „um Orientierung und Teilhabe bemühten Jugendlichen mit schwierigen Startvoraussetzungen und Durchbeißermentalität"[39] einen eher kämpferischen Eindruck. Im Zusammentreffen von Durchsetzungsbereitschaft mit Ausgrenzungserfahrungen erscheint diesen

---

[34]Calmbach (2012, S. 288, 290).
[35]Calmbach (2012, S. 322).
[36]Calmbach (2012, S. 326 ff.).
[37]Calmbach (2012, S. 328).
[38]Vgl. Calmbach (2012, S. 357).
[39]Calmbach (2012, S. 176).

8.4 Polizeieinsatz in jugendlichen Milieus

Jugendlichen daher Gewalt als probates Mittel, um sich Geltung zu verschaffen. „Stärke und Mut zu beweisen, ist vor allem (…) für die männlichen Prekären immens wichtig. Berichte über gewaltsame Auseinandersetzungen, eigenes delinquentes Verhalten oder andere vermeintlich extreme Vorfälle garantieren ein Maß an Anerkennung, das in vielen anderen Bereichen des Alltags verwehrt bleibt."[40] Auf der Bedeutungsskala rangiert die Familie weit oben, während Schule und Bildung mit Zwang gleichgesetzt und abgelehnt werden. Entsprechend kann Selbstbehauptung nicht argumentativ, sondern nur über körperliche Auseinandersetzungen erfolgen. In dem konventionellen Weltbild erscheint im prekären Jugendmilieu auch die Polizei eher als eine traditionelle Autorität, der gegenüber man sich zu behaupten versucht.

Zu Autoritätsverweigerung tendieren auch die *Experimentalistischen Hedonisten*: Im Kontrast zu den Materialistischen distanzieren sich die „spaß- und szeneorientierten Nonkonformisten mit Fokus auf Leben im Hier und Jetzt"[41] von bürgerlichen Familienwerten. In ihrem Wunsch nach Unabhängigkeit, der dem der expeditiven Jugendlichen gleicht, erscheinen sie insgesamt aber radikaler in ihren Abgrenzungsbemühungen, ihrer „großen Lust am Abseitigen, am Trash, am Schockierenden, am Kultigen, am Exzentrischen und bisweilen Plakativ-Geistlosem"[42]. Auch das Gefühl für Machtdistanz scheint bei den experimentellen Hedonisten verschwindend gering zu sein: Sie „zeigen sich sensibel für Hierarchien".[43] „Lehrer ‚zu siezen' verstärkt bei manchen das Gefühl, dass sich Lehrer ‚als etwas Höheres' fühlen" (siehe Fußnote 43). Die Ablehnung asymmetrischer Beziehungsformen lässt sich umstandslos auch auf die polizeiliche Autorität übertragen. Da es offenbar ohnehin reizvoll erscheint „in Opposition zu gehen" und „an Protestaktionen am Rande der Legalität" teilzunehmen, stößt der Autorität beanspruchende Polizeibeamte in diesem Milieu vermutlich häufig auf Widerstand (s. Abb. 8.7).[44]

Offenbar sind Autorität verweigernde Einstellungen unter Jugendlichen keineswegs – wie man vielleicht vermuten würde – häufiger anzutreffen als bei Erwachsenen. Probleme, Autorität durchzusetzen zeigen sich hier in einer ähnlichen Verteilung

---

[40]Calmbach (2012, S. 180).
[41]Calmbach (2012, S. 250).
[42]Calmbach (2012, S. 257).
[43]Calmbach (2012, S. 269).
[44]Calmbach (2012, S. 284). So erklärt beispielsweise ein fünfzehnjähriger Experimenteller Hedonist: „Wir gehen schon öfter auf Demos. Aber das endet eigentlich immer nur im Krieg zwischen der Polizei und einem selber. Friedlich demonstrieren kann man irgendwie nicht" (vgl. Calmbach 2012, S. 285).

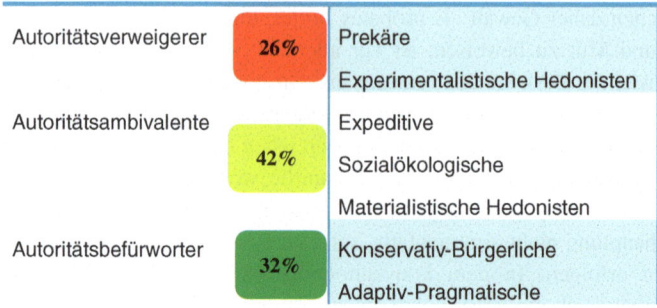

Abb. 8.7 Autoritätseinstellungen in den Jugendmilieus. (Quelle: Eigene Darstellung ©vom Hau)

wie in der erwachsenen Bevölkerung, weniger allerdings in den gehobenen Milieus und stärker bei Jugendlichen in benachteiligter sozialer Lage. Insbesondere in diesen Milieus der Unterschicht und der unteren Mitte ist festzustellen, dass Jugendliche in der kritischen Phase ihrer Persönlichkeitsentwicklung besonders gegenüber Autoritätspersonen zu normwidrigem und rebellischem Verhalten neigen.[45] Zu den abweichenden Verhaltensweisen, die für Jugendliche typisch sind, gehören neben Straftaten wie Beamtenbeleidigung und Widerstand gegen Vollstreckungsbeamte oft auch nur Ordnungswidrigkeiten wie Auf-die-Straße-Spucken oder nicht strafbares Verhalten, z. B. keine oder alberne Antworten geben.[46] Vor allem im Umgang mit Jugendlichen aus sozial benachteiligten Bezirken oder Stadtteilen provoziert vor allem despektierliches Verhalten Jugendlicher zu Machtdemonstrationen der Polizei, die dann darauf abzielen – so beschreibt Daniela Hunold das milieuspezifische polizeiliche Auftreten –, „den Willen der zivilen Akteure zu brechen, gegebenenfalls auch mittels demütigender Maßnahmen".[47] Wie die Kriminologin in Anlehnung an frühe Arbeiten von Howard Becker dazu erklärt dienen Zwangsanwendungen hier oft nicht allein dazu, „gesetzliche Vorgaben durchzusetzen, sondern fehlenden Respekt gegenüber der Polizei als Vertreter der bestehenden Ordnung (wieder-)herzustellen".[48] Nicht nur gegenüber Erwachsenen, sondern gerade gegenüber Jugendlichen und ganz besonders gegenüber Jugendlichen aus dem Experimentalistischen Hedonistischen oder dem Prekären Milieu empfiehlt sich stattdessen, hinter der polizeilichen Fassade stets

---

[45]Vgl. Hunold (2011, S. 174).
[46]Vgl. Hunold (2011, S. 173).
[47]Hunold (2011, S. 180).
[48]Hunold (2011, S. 173).

8.4 Polizeieinsatz in jugendlichen Milieus

die von Goffman beschriebene ‚zeremonielle Distanz' aufrechtzuerhalten, um eine spannungsfreie Interaktion zu ermöglichen. Alltagssprachlich bezeichnet man zeremonielle Distanzlosigkeit als ein ‚Zu-nahe-Treten'. Diese Gefahr betrifft vor allem asymmetrische Konstellationen, in denen Jugendliche prinzipiell ihre noch ungefestigte Selbstachtung bedroht sehen. Heranwachsenden Delinquenten bleibt wenig Spielraum, ihr Gesicht zu wahren, wenn Polizeibeamte durch frühzeitige Androhung von Zwangsanwendungen Überlegenheit demonstrieren. Diese verbreitete Handlungsstrategie zur Aufrechterhaltung polizeilicher Autorität provoziert den Jugendlichen zu Abwehrreaktionen, um sein – im Kontakt zur Außenwelt noch in der Erprobungsphase befindliches – Selbst- und Weltbild zu schützen. Ein Kampf um Anerkennung beginnt, der wahrscheinlich verhindert worden wäre, wenn zu Beginn der Kommunikation ausreichend Wertschätzung übermittelt worden wäre. Ein eskalierender Verlauf im Polizeikontakt ist in den Milieus der Unterschicht und der unteren Mitte zudem wahrscheinlicher, weil meist schon die Lebensumstände in prekärer sozialer Lage als Demütigung empfunden werden, sodass die Selbstachtung in diesen Milieus durch Minderwertigkeitsgefühle bereits beschädigt ist.

Unabhängig von den ganz unterschiedlichen jugendlichen Autoritätseinstellungen tendieren – wie Sozialisationstheoretiker wissen[49] – milieuübergreifend sämtliche Jugendliche zu bestimmten Problem- und Risikoverhaltensweisen. Dennoch kann man davon ausgehen, dass in den verschiedenen Milieus jeweils bestimmte Verhaltensmuster dominieren. So dürfte beispielsweise der Alkohol- und Drogenkonsum im Experimentellen Hedonistischen Jugendmilieu deutlich höher liegen als in den anderen Milieus. Für einen präzisen Vergleich jugendlicher Autoritätseinstellungen mit denen in den Erwachsenen-Milieus und für eine eingehende Interpretation bedarf es einer empirischen Bestätigung der Befunde, die hier aus den allgemeinen Milieuinformationen extrahiert wurden. Konkrete Ergebnisse dazu könnte auch eine empirische Jugendmilieustudie liefern, in der abweichendes Verhalten und die zugrunde liegenden Einstellungen näher untersucht werden.

Der Blick in die Milieulandschaften hat folgendes deutlich gemacht: Polizeiliches Vorgehen ist als ein reaktives Handeln immer auch durch den sozioökonomischen Status der polizeilichen Klientel beeinflusst. Inwiefern im Kontakt zwischen Polizei und Bürger eine Milieuzuordnung gelingt, hängt von vielen individuellen Faktoren ab, die hier ausgeblendet bleiben. Gelingt aber eine solche Zuordnung, dann erlaubt die Milieukenntnis auch, mit dem Milieu eine bestimmte Autoritätseinstellung zu assoziieren, die konkrete polizeiliche Verhaltensmuster verlangt.

---

[49] Vgl. dazu bspw. Hurrelmann (1997, insb. S. 193 ff.).

Die Milieumodelle sollten hier vorrangig der Klassifizierung der polizeilichen Klientel dienen. Um zu diesem Zweck den nicht-polizeilichen Interaktionspartner isoliert betrachten zu können, wurde eine ‚künstliche Trennung' vorgenommen, die Polizei und Bürger theoretisch unterscheidbar macht. Wesentlich komplexer stellen sich die Beziehungskonstellationen zwischen beiden dar, wenn man auch die unterschiedlichen Milieuzugehörigkeiten der Polizeibeamten mitberücksichtigen würde.[50] Es ist beispielsweise anzunehmen, dass Statusunterschiede zwischen Polizei und ihrer Klientel erheblichen Einfluss auf den Kommunikationsverlauf haben. Darauf deutet insbesondere das Problempotenzial von Autoritätsverweigerern der gehobenen Milieus hin. Für die Polizei empfiehlt sich daher in Kenntnis der Milieustruktur stets den eigenen Standort mit zu bedenken.

8.5 Milieus im Wandel – Rückblick und Aussicht

Aus Erfahrung kann man sagen: Je gründlicher man zurückblickt, desto zutreffender fallen Prognosen für die Zukunft aus. Die Anfänge der Milieuforschung reichen allerdings nicht weit zurück: Obwohl der Milieu-Begriff aus der klassischen Soziologie stammt, hat er sich in der Sozialforschung erst seit Beginn der 80er Jahre durchgesetzt und die stumpf gewordenen Instrumente des geschichteten Gesellschaftsmodells abgelöst bzw. neu geschliffen in die Lebensstil- und Milieuanalyse integriert. Die aus der Marktforschung stammende erste Sinus-Landkarte, die auf einem standardisierten Verfahren basiert, entstand ebenfalls 1982 und unterscheidet bis 1990 acht westdeutsche Milieus. Mit der Wiedervereinigung wurden für Ost- und Westdeutschland gesondert aus jeweils neun Milieus bestehende Modelle entwickelt. Nach weiteren Aktualisierungen erwies sich das gesamtdeutsche Modell von 2001 bis 2010 als relativ stabil. Im Herbst 2010 wurde eine neue Sinus-Studie vorgestellt, die sich von dem Vorgänger-Modell durch Verschiebungen, neue Gewichtungen und Beschreibungen der Milieus erheblich unterscheidet. Mit der Zusammenfassung vom Konservativen und Etablierten Milieu entsteht noch ein weiteres gehobenes Segment: das Milieu der Liberal-Intellektuellen. Die DDR-Nostalgiker sowie die Postmateriellen tauchen in dem neuen Modell nicht mehr auf. Letztere werden auf ihrem mittleren bis gehobenen Niveau teilweise von den Sozialökologischen verdrängt. Die Konsum-Materialisten

---

[50]Das Anforderungsprofil der Polizei entspricht den Eigenschaften und Fähigkeiten, die vorwiegend Personen aus der Mitte der Gesellschaft kennzeichnen, sodass sich die Polizei vermutlich größtenteils aus den Milieus der Adaptiv-Pragmatischen und der Bürgerlichen Mitte rekrutiert.

8.5 Milieus im Wandel – Rückblick und Aussicht

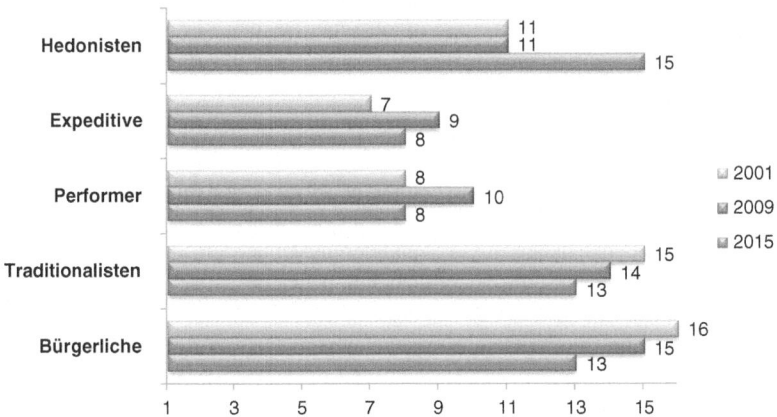

Abb. 8.8 Verschiebungen der Milieugrößen von 2001 bis 2015 (Angaben in Prozent). (Quelle: Eigene Darstellung ©vom Hau)

finden sich größtenteils in dem neuen Prekären Milieu wieder. Ins soziale Mittelfeld rückt das neue Milieu der Adaptiv-Pragmatischen an die Seite der bürgerlichen Mitte.

Wegen der umfangreichen Veränderungen sind beide Erhebungen kaum miteinander vergleichbar. Zwar lässt sich aus der Gesamtlage beider Modelle zwischen den Koordinaten insgesamt eine Verschiebung auf der X-Achse erkennen, die offenbar auf eine stärker zukunftsorientierte, statt traditionalistische Grundorientierung schließen lässt. Auf der y-Achse hat sich ebenfalls eine leichte Verschiebung von unten nach oben vollzogen, was auf eine zumindest leichte Erhöhung des durchschnittlichen Haushaltsnettoeinkommens hinweist. Nähere Auskunft über den gesellschaftlichen Wandel im beginnenden 21. Jh. erhält man, wenn man diejenigen Milieus des Modells vor 2010 gesondert ansieht, die zwar von gesellschaftlichen Veränderungen erfasst, deren Kennzeichen aber im Wesentlichen in der neuen Milieulandkarte ab 2010 erhalten blieben. Dazu gehören die Hedonisten, die Performer, die Traditionalisten und die Bürgerlichen. Hinzunehmen kann man außerdem die Experimentalisten, die in ‚Expeditive' umbenannt wurden. Geringfügige Veränderungen lassen sich an zu- oder abnehmenden Milieugrößen ablesen (siehe Abb. 8.8).[51]

---

[51]Es erübrigt sich, auch die Jugendmilieu-Studie von 2012 mit der älteren aus dem Jahr 2007 zu vergleichen, da bei der ersten Erhebung eine breitere Altersspanne (9–27-Jährige) gemessen wurde, was erhebliche Auswirkungen auf die Milieulandschaft hatte.

Zurückblicken oder vorausschauen lässt sich immer nur vom gegenwärtigen Standpunkt aus. Von Zukunftsprognostikern werden daher je nach Blickwinkel und Befindlichkeit entweder vergangene Zustände exhumiert oder gegenwärtige Trends extrapoliert.

Die Frage, wie sich die Milieulandschaft künftig verändern könnte, hat bereits 2007 Thomas Perry aufgeworfen und drei alternative Zukunftsszenarien skizziert: „Free is Fair", „Shared Destiny" und „Metamorphosis", deren Eintreffen für 2020 prognostiziert wurde; sie entsprechen in etwa den acht Jahre später vom Sinus-Institut beschriebenen langfristigen Veränderungstendenzen, die aber nicht wie bei Perry als sich gegenseitig ausschließende, sondern als sich ergänzende Entwicklungen angekündigt werden:[52] Fortgesetzte „Modernisierung und Individualisierung", das dem „Free-is-Fair-Szenario" entspricht, verlängert die neoliberale Gesellschaft in die Zukunft.[53] Der gesellschaftliche Mainstream erscheint hierin als die vom Performer-Milieu „bedrohte Mitte"[54], die von wachsendem Pragmatismus und mehr Eigeninitiative bedrängt wird. Wenngleich sich eine solche Entwicklung in den Milieu-Verschiebungen zwischen 2001 und 2015 empirisch allenfalls andeutet, erscheint doch ein kontinuierliches Fortschreiten der „Ausdifferenzierung von Individuallagen"[55] äußerst wahrscheinlich. Den daraus hervorgehenden modernen Menschentypus repräsentiert vor allem das Performer-Milieu. Das für sie charakteristische „ichzentrierte Weltbild" stellt – wie Ulrich Beck pointiert formuliert – „das Verhältnis von Ich und Gesellschaft sozusagen auf den Kopf" und macht es „für die Zwecke der individuellen Lebenslaufgestaltung handhabbar".[56] Als „Kinder der Freiheit"[57] sehen die Performer zuallererst die Verheißungen der Individualisierung und die vielfältigen Möglichkeiten, neu eröffnete Handlungsräume nach eigenen Vorstellungen zu gestalten. „Wir Einmaligen lassen uns nicht einfach ausrechnen, wir sind in unseren Entscheidungen frei und diese Freiheit nutzen wir exzessiv",[58] so klingt die ganz diesseitige Ersatzideologie bei den mit Individualität hoch dosierten jungen Markensoziologen Oliver Errichiello und Arnd Zschiesche. In ihrem „Patchwork-Glauben", der „ein wenig Himmel, ein wenig Hölle, ein wenig Buddha und Yoga

---

[52]Perry (2009, S. 2–25).
[53]Sinus-Institut (2015, S. 17).
[54]Rickens (2006).
[55]Beck und Beck-Gernsheim (1990, S. 59).
[56]Beck und Beck-Gernsheim (1990, S. 59).
[57]Beck (2007, S. 393).
[58]Errichiello und Zschiesche (2010, S. 24).

8.5 Milieus im Wandel – Rückblick und Aussicht

mit tibetanischen Gebetsfahnen" bereithält, ist alles erlaubt: „Egal ob gestalterisch individualisierbarer NIKE-Sportschuh oder Gott als soft-fact basierte Servicestation", auch in Glaubensfragen ist der Einmalige „funktional und höchst autonom verpolt".[59] Diese, gegen die Entzauberung der Moderne resistent erscheinenden Individualisierungsgewinner zeichnet im Vergleich zu den Individualisierungsskeptikern und -verlierern vor allem ihre Kernkompetenz aus, sich funktionalistisch-mobil-innovativ mit Chancen und Risiken der beschleunigten Individualisierung nutzenmaximierend zu arrangieren.

Die im Performer-Milieu idealtypisch ausgeprägte Autonomie des Individuums, von der das ‚Free-is-Fair-Szenario' durchdrungen ist, zählt Beck zu den ‚Basisprinzipien der Moderne', die auch künftig Bestand haben werden.[60] Erwartungsgemäß dürfte die ungebremste soziale Individualisierung auch weitere – besonders aus polizeilicher Perspektive interessante – politische Wirkungsmacht in sozialen Bewegungen entfalten, die wie die „Friedensbewegung und Frauenbewegung bis zu Ökologiebewegung, Homosexuellenbewegung" neue soziale Gruppierungen bilden und alternative normative Leitbilder durchsetzen.[61]

Unter dem Eindruck von „Überforderung und Resignation" (siehe Fußnote 53) könnten aber auch sichtbar werdende Destabilisierungen fundamentale Kurskorrekturen notwendig machen. „Aufzehrung, Auflösung und Entzauberung der kollektiven und gruppenspezifischen Identitäts- und Sinnquellen" zeigen – so Beck – die Individualisierung von der anderen Seite der Globalisierung.[62] Im Zuge wachsender sozialer Ungleichheit, Spätfolgen des wissenschaftlich-technischen Fortschritts sowie Globalisierungseffekten soll eine Rückbesinnung auf Konsensorientierung und soziale Gerechtigkeit den alten Zustand wiederherstellen. In dem von Perry beschriebenen „Shared Destiny-Szenario" werden wieder Rufe nach einem starken Sozialstaat laut. Können aber die von Gesellschaftskritikern angemahnten Reformen tatsächlich in eine vor-individuelle Welt zurückführen oder sind – wie Ulrich Beck behauptet – Strömungen der Gegenmodernisierung als ein „integrales Projekt der Moderne" nicht selbst wiederum nur Ausdruck fortschreitender Modernisierung?[63] Modernitätskritik – so lautet Becks überzeugende Antwort auf die Frage – könne nur als ein offener sozialer Konflikt „auf dem Boden und mit den Mitteln der

---

[59]Errichiello und Zschiesche (2010, S. 132, 131).
[60]Errichiello und Zschiesche (2010, S. 388).
[61]Errichiello und Zschiesche (2010, S. 393).
[62]Beck (1994, S. 470).
[63]Beck (1994, S. 473).

Moderne ausgetragen werden" (siehe Fußnote 63). Ein Weg zurück in die scheinbare Idylle und Geborgenheit traditionalistischer Kollektive gibt es nicht mehr.

Im dritten Szenario „Metamorphosis" erscheint die künftige Gesellschaft als ein globales Dorf, das „Authentizität, Flexibilität, multikulturelle Kompetenz und Transparenz" kennzeichnen.[64] Dieser Trend zur „Entgrenzung und Segregation" wird vom Sinus-Institut als ein „Auseinanderdriften" der globalisierten und digitalisierten Lebens- und Wertewelten beschrieben (siehe Fußnote 53). „Sozialhierarchische Differenzierung und wachsende soziale Deklassierungsprozesse" seien die Folge dieser Entwicklung (siehe Fußnote 53). Gleichzeitig komme es zu einer „Erosion der Mitte" und es entstehe eine „kosmopolitische(...) Elite", ein „Oneworld-Bewusstsein", so wird vom Sinus-Institut in Aussicht gestellt (siehe Fußnote 53). In dieser Skizze hat Perry wohl eine fernere Zukunft ins Auge gefasst, die utopischer anmutet, da sie weniger Anknüpfungspunkte an die gesellschaftliche Realität der Gegenwart erkennen lässt. Aus heutiger Perspektive muss man wohl sämtliche Szenarien, deren Eintreffen alle auf 2020 datiert sind, aber ganz gewiss diesen dritten vorgeschlagenen Weg, in eine spätere Zukunft verlegen. Denkbar wäre dieses Szenario allenfalls als eine Fortsetzung des ersten Szenarios und somit die Fortschreibung der zeitnahen Auswirkungen der Individualisierung in zeitlicher Ferne. Ihr Eintreffen ist zum einen von der technischen Weiterentwicklung und von der Anwendungs- und Nutzungsweise digitaler Medien abhängig, was die Vorhersehbarkeit einer daraus resultierenden gesellschaftlichen Entwicklung erheblich einschränkt. Wie sich die darin entworfene Welt der Zukunft konkret darstellt, bleibt offen. In freundlichen Farben ließe sich ein solches zukünftiges Deutschland als „eine funktionierende Zivilgesellschaft mit Bürgerinitiativen, Windrädern und Weltmusik, aber ohne den Patschuli-Geruch der siebziger Jahre, mit Hochtechnologie und hohem Bildungsgrad" ausmalen.[65] Man könnte mit dem ‚One-World-Szenario' aber auch ein weitaus düsteres Bild heraufziehen sehen, das eher der komplett digital vernetzten und transparenten Welt nahekommt, die Dave Eggers in seinem Buch „Der Circle" beschrieben hat – ein Horrorszenario, das Huxleys ‚Schöne neue Welt' wieder aktuell erscheinen lässt.[66] Auch in Eggers Zukunftsvision hat sich der Staat zurückgezogen, an seine Stelle tritt aber nicht der engagierte Bürger, sondern eine Diktatur des Internets.

Beschränkt man die Vorausschau auf absehbare Zeiträume und lässt die Folgen möglicher „Entgrenzung und Segregation" einmal außer Acht, dann bleibt

---

[64]Perry (2009).
[65]KulturSpiegel (2006, S. 2).
[66]Siehe Eggers (2014).

8.5 Milieus im Wandel – Rückblick und Aussicht

noch die Frage, ob eher von Kontinuität oder von Diskontinuität der Entwicklung auszugehen ist, ob also eher die Chancen der Freisetzungsdimension oder eher die Risiken der Entzauberungsdimension im Individualisierungsprozess die soziale Atmosphäre bestimmen werden: Beherrscht uneingeschränkt der Neoliberalismus die Welt von morgen oder überwiegt das Unbehagen und erzwingt eine Umkehr zurück in die Sozialstaatlichkeit? Aus heutiger Sicht erscheint die Kontinuitäts-Annahme deutlich realitätsnäher. Wenngleich sich an der Milieuentwicklung in den vergangenen fünfzehn Jahren kaum wegweisende Trends ablesen lassen, scheint sich darin doch zumindest eine veränderte Grundorientierung im Bevölkerungsdurchschnitt anzudeuten. Zumindest ansatzweise erkennbar ist eine Abnahme konservativ-traditionalistischer und eine Zunahme postmodernistischer Grundeinstellungen, sodass sich im Strom der Individualisierung vermutlich schwerlich an überkommenden Einstellungen festhalten lässt. Das betrifft auch die Autorität: Die vorangehend beschriebenen milieuspezifischen Reaktionen auf Autoritäten werden sich im Zuge fortschreitender Enttraditionalisierung besonders gegen Personen und Institutionen richten, die noch an herkömmliche Autoritätsbilder anzuknüpfen versuchen. Besonders aus Sicht der zukunftsorientierten Milieus muss sich Autorität lohnen. Vor dem Hintergrund gesellschaftlicher Entwicklungstendenzen stellt sich also noch einmal die Frage nach einem möglichen Nutzen von Autoritätsbeziehungen.

Wenn der zentrale Gedanke von George H. Mead zutrifft und Menschen sich nur anhand der anerkennenden Reaktionen von Interaktionspartnern von ihrem einzigartigen Wert für die soziale Umwelt überzeugen und nur auf diesem Wege selbstachten und -verwirklichen können[67] und wenn gleichermaßen zutrifft, dass die gegenseitigen Anerkennungserwartungen im neoliberalen ‚Zeitalter des Narzissmus' (Lasch) nicht mehr erfüllbar sind und stattdessen Erfahrungen von Selbstbesessenheit, Missgunst und Geringschätzung das soziale Klima beherrschen, dann ist durchaus vorstellbar, dass sich Menschen gezwungen sehen, auch mit Mitteln der Gewalt Anerkennung kämpferisch einzufordern. Und das gilt nicht ausschließlich für Unterprivilegierte, deren Mangel an Wertschätzung schon durch den Mangel an materieller Versorgung erzeugt wird. Missachtungserfahrungen drohen nicht nur in den Milieus der Unterschicht, sondern überall und ganz besonders im Performer-Milieu, wo kaum noch identitätsstiftende Gemeinschaften existieren, stattdessen ersatzweise Intersubjektivität in Netzwerken oder provisorisch in Form von Wegwerfbeziehungen künstlich hergestellt werden. Der „Tanz um das goldene Selbst"[68] findet in

---

[67]Vgl. Honneth (1994, S. 139).
[68]Beck und Beck-Gernsheim (1990, S. 62).

einem sozialen Vakuum statt, aus dem sich Selbstwertgefühle und die daraus entstehende subjektive Autonomie kaum gewinnen lassen. Dieser Notstand betrifft nicht nur die dritte höchste Form reziproker Anerkennung, die als Solidarität umschrieben und deren Scheitern aktuell mit dem Schlagwort ‚Entsolidarisierung' belegt werden kann, sondern auch die rechtliche, von sozialen Statuszuschreibungen abgekoppelte Anerkennung übersteigerter Autonomieansprüche und ganz besonders die elementare Anerkennungsform der Liebe, in der sich enge Bezugspersonen ihre Einzigartigkeit bestätigen. Im Konkurrenzkampf um Anerkennung klammern sich die Individualisten heute wie an einen Strohhalm an diese die Privatsphäre aufwertende Zuversicht, um reziproke Wertschätzung zu erfahren. Im Zustand der „inneren Heimatlosigkeit"[69] suchen sie in der Zweierbeziehung Anerkennung im jeweils anderen. Dass daraus partnerschaftliche Schwierigkeiten erwachsen, scheint vorprogrammiert. Es sind eben – wie Beck treffend bemerkt – nicht „nur die Hoffnungen der Liebe, sondern erst recht ihre Enttäuschungen, die zurück auf die wachsende Individualisierung" verweisen.[70] Wenn aber die „Beziehung zu Menschen ... auf den engen Kreis unmittelbarer Beziehungen zusammenschrumpft" und folglich die Verliebtheit eine „Suche nach der eigenen Bestimmung, ein Suchen nach dem eigenen Selbst" und Identität „zum Grundthema der Ehe" wird,[71] wenn die aus bestätigenden Reaktionen erwachsende Selbstachtung also allein auf den Schultern der Partner lastet, die ja ihrerseits die gleichen Ansprüche erheben, dann scheint ein Scheitern von Paarbeziehungen und damit ein Scheitern dieser elementaren Form von Anerkennung vorprogrammiert.

Erst angesichts dieser Krise sozialer Wertschätzung aufgrund von knapp werdenden Sozialbeziehungen wird auffällig, dass offenbar die soziale Genese der Ich-Identität durch den Prozess der Individualisierung grundsätzlich behindert wird, weil gemäß dieser anthropologischen Grundannahme das Subjekt eben nicht in der Alleinstellung als Individuum, sondern überhaupt nur in Abhängigkeit von anderen Subjekten vorstellbar ist. Individualisierung steht somit im Widerspruch zur Sozialnatur des Menschen. Im fortgeschrittenen Stadium der Individualisierung, wenn die Risikogesellschaft, wie Beck schon diagnostiziert hat, „alle Identität stiftenden Ideen" abgestoßen hat und sämtliche Quellen für die Identitätsvergewisserung versiegt sind, wird diese Unverträglichkeit virulent.[72] Spätestens dann beginnt ein Kampf um Anerkennung, der sogar Ausmaße eines

---

[69]Berger zit. n. Beck und Beck-Gernsheim (1990, S. 67).
[70]Beck und Beck-Gernsheim (1990, S. 73).
[71]Beck und Beck-Gernsheim (1990, S. 72).
[72]Beck (1994, S. 480).

8.5 Milieus im Wandel – Rückblick und Aussicht

kollektiven Kampfes annehmen kann, wenn nämlich – wie Axel Honneth plausibel macht – die „bislang abgespaltenen, privat verarbeiteten Mißachtungserfahrungen" als ein typisches „Schlüsselerlebnis einer ganzen Gruppe" gedeutet werden.[73] Es sei einmal dahingestellt, ob sich nicht erfüllte Anerkennungserwartungen oder erlebte Missachtungen und Kränkungen als privater oder sozialer Widerstand artikulieren, im allgemeinen Zustand der Entbehrung erfährt Anerkennung in Form von wertschätzendem oder ehrerbietendem Verhalten einen enormen Bedeutungszuwachs.

Als eine dienstleistende Institution, die ständig im unmittelbaren Kontakt zum Bürger agiert, kann sich die Polizei diesen Zusammenhang durchaus zunutze machen. Schon bei der Vermittlung rechtlicher Anerkennung ihrer Klientel kann sie über die vorgeschriebene und formalisierte Wahrung individueller Grundrechte hinausgehen, indem sie einerseits die individuelle Autonomie und auf der anderen Seite die milieuabhängige Wahrnehmung von Chancenungleichheiten sozial garantierter Freiheits- und Autonomierechte in der Kommunikation und im Verhalten mitberücksichtigt. Darüber hinaus kann sie dem Bürger aber auch soziale Wertschätzung vermitteln und damit deutlich über die zweite von Honneth unterschiedene Anerkennungsdimension hinausgehen; das hieße dann, dass sie den Bürger nicht nur in seinen allgemeinen Eigenschaften als zurechnungsfähige Rechtsperson, sondern auch in seinen individuell unterscheidbaren Eigenschaften positiv bewertet. Zwar ist – wie Honneth ausführt – im Übergang von den traditionalen zu modernen Gesellschaften allgemein das „Bezugssystem für die Bewertung von bestimmten Persönlichkeitseigenschaften" verloren gegangen, an seine Stelle ist heute aber ein Wertepluralismus getreten, der nun „den kulturellen Orientierungsrahmen bildet, in dem sich das Maß der Leistung des einzelnen und damit sein sozialer Wert" bemessen lassen.[74] Die von Honneth beschriebene dritte Dimension solidarischer Anerkennung vollzieht im Wandel von der segmentierten hin zur arbeitsteiligen Gesellschaft den Übergang von der solidarischen hin zur organischen Solidarität.[75] In dieser von Émile Durkheim eingeführten Unterscheidung versiegen zwar die Quellen einer aus der Konformität gemeinsamer Wertvorstellungen erwachsenen Anerkennung, im Horizont pluraler Werte verschwindet aber solidarische Anerkennung nicht vollständig. Eine differenziertere Form organischer Solidarität tritt an ihre Stelle: Die Festlegung, welche Eigenschaften herausragen und welche Leistungen oder Werte die Gesellschaft befördern, erfährt in der arbeitsteiligen Gesellschaft eine

---

[73]Honneth (1994, S. 260 ff.).
[74]Honneth (1994, S. 198 f., 203).
[75]Vgl. Durkheim (1988).

Individualisierung und Abstrahierung, wodurch nun quasi jedem gestattet ist, soziales Ansehen selbst zu beanspruchen und gleichermaßen soziale Wertschätzung nahezu beliebig zu adressieren. Schon 1893 konnte Durkheim erkennen, dass in der arbeitsteiligen Gesellschaft alles zur „Quelle der Solidarität [wird]…, was den Menschen zwingt, mit dem anderen zu rechnen, seine Bewegungen durch etwas anderes zu regulieren als durch die Triebe seines Egoismus".[76]

Einer vertikal interagierenden Polizeiautorität ist ein wertschätzendes Verhalten, das noch „an die Voraussetzung von sozialen Verhältnissen der symmetrischen Wertschätzung zwischen individualisierten (und autonomen) Subjekten gebunden" ist,[77] ohnehin nicht möglich; für sie empfehlenswert ist aber die auch in arbeitsteiligen Gesellschaften denkbare und ebenfalls individualisierte Wertschätzung, die sich auch von außen und sogar von oben und aus der größeren inneren Distanz, die asymmetrischen Beziehungen eigen ist, vermitteln lässt. Während die rechtliche Anerkennung im Umgang mit dem Bürger als selbstverständlich gilt, wird dieser Form der Anerkennung außerdem durch den Umstand besonderes Gewicht verliehen, dass niemand einen Rechtsanspruch auf sie erheben kann, solchem Entgegenbringen also zusätzlich noch das Prädikat der Freiwilligkeit anhaftet. Und sie wiegt umso schwerer – wie mit Popitz bereits festgestellt wurde –, wenn sie von einer Instanz erfolgt, die von dem Anerkannten selbst anerkannt wird.

Und für die auf Akzeptanz der Öffentlichkeit angewiesene Polizei erscheint außerdem vorteilhaft, dass sich erwiesene Achtung – ökonomisch formuliert – als eine Vorleistung betrachten lässt, die auf Rückzahlung in gleicher Münze hoffen darf. Anerkennung ist immer reziproke Anerkennung, erklärt auch Arnd Pollmann in seinem philosophischen Handbuch zum Thema ‚Unmoral' und zitiert dazu Fichte und Hegel: Denn kein Subjekt „kann das andere anerkennen, wenn nicht beide sich gegenseitig anerkennen" (Fichte) oder die Subjekte „anerkennen sich als gegenseitig sich anerkennend" (Hegel).[78] Sieht man hier einmal großzügig von dem sich aus der Logik dieses Zusammenhangs ergebenen Problem ab, dass die Frage nach dem Anfang unweigerlich in eine Contradictio in Adjecto mündet, und unterstellt die Richtigkeit dieser von Fichte und Hegel behaupteten Reziprozität, dann scheint offenbar polizeifunktionale Autorität, die gleichermaßen auf Anerkennung angewiesen ist, von der Gegenseitigkeit des Anerkennungsverhältnisses zu profitieren. Die darin implizierte Gegenseitigkeit stellt für sie zwar keine hinreichende, aber eine notwendige Bedingung für die Anerkennung ihrer Autorität dar.

---

[76]Durkheim (1988, S. 468).
[77]Durkheim (1988, S. 209).
[78]Fichte und Hegel zit. n. Pollmann (2010, S. 157).

Schlussbemerkung oder: Die offene Gesellschaft und ihre Polizei 9

Von den gegenwärtig sich abzeichnenden gesellschaftlichen Krisenphänomenen hat längst auch die Polizei unter dem Stichwort ‚Autoritätsverlust' Notiz genommen. Es handelt sich um Folgeerscheinungen der Individualisierung, die zu immer wieder neuen Kennzeichnungen der Gesellschaft herausfordern. In ihren kulturkritischen Etikettierungen als ‚Risikogesellschaft' und ‚Weltrisikogesellschaft' (Beck), als ‚flüchtige Moderne' und ‚Gesellschaft von Konsumenten' (Bauman), als ‚Gesellschaft der Ichlinge' (Opaschowski),‚Gesellschaft der Angst' (Bude), ‚entfesselte Welt' (Giddens) oder ‚entwurzelte', prekarisierte Postmoderne usw. kommen die verschiedenen Symptome der Modernisierung zum Ausdruck. Im Vergleich mit anderen sozialen Institutionen ist die Polizei von den sogenannten krisenartigen Individualisierungsfolgen in besonderer Weise betroffen: Gemäß ihres gesellschaftlichen Auftrags muss sie stets auch die Bereitschaft zeigen, sich den Autonomieansprüchen ihrer individualisierten Klientel in den Weg zu stellen und dabei eine Machtdistanz aufrechtzuerhalten, die dem allgemeinen Bedürfnis nach gleichberechtigter Kommunikation zuwiderläuft. Sie kann sich auf die neuen Anforderungen und Befindlichkeiten, die der Individualisierungsprozess hervorbringt, nur bedingt einstellen. Das liegt an ihrer gesellschaftlichen Funktion, die eben nicht auf Veränderung der Gesellschaft, sondern umgekehrt auf Bewahrung von Sicherheit und Ordnung ausgerichtet ist. Eine gewisse Modernisierungsresistenz, die ihr ermöglicht, gleichsam wie der ‚Fels in der Brandung' ihre Funktionsfähigkeit auch in Zeiten gesellschaftlichen Umbruchs aufrechtzuerhalten, kann ihr daher nicht unbedingt als Defizit angelastet werden, sondern stellt im Gegenteil geradezu ein Qualitätsmerkmal ihrer Arbeit dar. Dieses der Polizei innewohnende konservative Prinzip steht den um Modernisierung Bemühten im Weg, die endlich auch die Tore der Polizei für die Individualisierung weit öffnen möchten. In vielen Fällen führen solche Anstrengungen, mit der gesellschaftlichen Modernisierung

Schritt zu halten, dazu, dass Polizeikultur und Cop-Culture, also Anspruch und Wirklichkeit der Polizei noch weiter auseinanderdriften. Die Modernisierung der Polizei, wie sie sich in der aktuellen Polizeikultur abzeichnet, erinnert an eine Strategie, die man im Tierreich als Mimese, als optische Nachahmung eines Lebensraums, bezeichnet. Ziel der Mimese ist eine Tarnung, die ein Lebewesen optisch von seiner Umwelt nahezu ununterscheidbar machen soll: Den Versuch, der modernen Umwelt entsprechend nun auch in der Außendarstellung der Polizei einen moderneren, nämlich bürgernahen Anstrich zu geben, lässt sich aber eben in Analogie zum Naturreich nur als eine rein äußerliche Anpassungsstrategie deuten. Diese kosmetische Vorgehensweise erscheint wenig vielversprechend.

In der gesellschaftlichen Funktion der Polizei, durch die sie immer schon auf bestimmte Operationsweisen festgelegt ist, wird von ihr erwartet, sich dennoch auf die veränderte Gesellschaft einzustellen. Am Individuum, seinen Ansprüchen und Befindlichkeiten, führt offenbar kein Weg mehr vorbei: „selbstbestimmt, originell, nicht regulierbar", so nimmt sich der individualisierte Mensch selbst wahr.[1] So trifft er auf die Polizei, bereit seine Selbstständigkeit zu verteidigen, zu der wesentlich die Abwesenheit von Zwang jeder Art gehört. Diese Situation stellt die Polizei nicht vor grundsätzlich neue Aufgaben; eine fundamentale Neuorganisation der Polizeiarbeit ist nicht angezeigt. Nicht an ihre Funktion, aber an ihre Funktionsweise sind neue Herausforderungen gestellt. Fraglich ist nicht ob, sondern wie weit ihr gesellschaftlicher Auftrag ihr erlaubt, den Befindlichkeiten ihrer Klientel entgegenzukommen und individualisierte Einstellungen und Verhaltensweisen für die polizeiliche Operationsweise zu adaptieren. Vorrangiges Ziel muss dabei sein, über bloß kosmetische Imagekorrekturen hinaus die Polizeibeamten und -beamtinnen in ihrem Rollenverständnis auf die veränderte Gesellschaft einzustellen. Das heißt aber vor allem: Nicht Leitbildorientierungen, sondern praktische straßentaugliche Einstellungs- und Verhaltensänderungen sind es, die in den Niederungen des täglichen Polizeidienstes wirksam werden müssen. Wie sich in Lageberichten der Polizei, in empirischen Studien, in Medienberichten und in Gesprächen mit Polizeibeamten des Einzeldienstes gezeigt hat, ist es der Autoritätsanspruch, der in der Kommunikation zwischen der Polizei, die zu zwingen befugt ist, und ihrer selbstbestimmten Klientel, die sich keinesfalls zwingen lassen will, der den neuralgischen Punkt markiert, an dem sich Konflikte entzünden. Autoritäten sind aus der Mode gekommen. Zu dieser Schlussfolgerung kommt auch Volker Gerhardt in seiner gründlichen Abhandlung zum Prinzip der Individualität: In der „Ablösung von überkommenen Autoritäten", artikuliert sich die

---

[1]Hitzler und Koenen (1994, S. 448).

Selbstständigkeit des Individuums mit der Folge, dass „die durch die hergebrachte Autorität nahliegende Handlung ... zu einer Möglichkeit unter vielen wird"[2]. Somit fügt sich auch der Gehorsam gegenüber polizeilicher Autorität nicht mehr automatisch in das moderne Selbstbild des Individuums.

Mit der Idee, im Polizeidienst die Autoritätsbeziehung wiederinstandzusetzen, soll der Polizei keine neue Zweckrichtung vorgegeben werden; sie orientiert sich vielmehr an den funktionalen Erfordernissen des alltäglichen Polizeidienstes. Es ist insbesondere der allgemeine Wunsch nach sozialer Anerkennung, der der Polizei die Möglichkeit eröffnet, ihre Kommunikationsformen auf die moderne Bedürfnisstruktur des Individuums abzustimmen. Wertschätzung stellt in unserer Gesellschaft mittlerweile ein knappes Gut dar, das aber eben nicht Luxus bedeutet, sondern zu den unverzichtbaren Grundbedürfnissen des Menschen gehört. Wenn sich aber Anerkennung nicht mehr – wie vormals – über identitätsstiftende Kollektive beziehen lässt und andere konventionelle Quellen sozialer Anerkennung insgesamt versiegt sind und stattdessen Selbstachtung allenfalls aus der Anzahl von Facebook-Freunden und Likes erwachsen kann, wird sie zu einer sozialen Ressource, die unter Knappheitsbedingungen erkämpft und verteidigt werden muss. Für Polizeiautorität lässt sich daraus ein Vorteil ziehen: Ökonomisch betrachtet lässt sich nämlich die Bilanz im Nutzenkalkül des autoritätsempfindlichen Bürgers ausgleichen, wenn die Akzeptanz polizeilicher Autorität mit sozialer Wertschätzung rückerstattet wird. Achtungserweise lassen sich somit quasi als eine Währung im sozialen Umgang betrachten, mit der wir zahlen und durch Vorenthaltung auch heimzahlen.

Mit den letzten schließenden Bemerkungen lohnt es sich noch einmal, aus dem engen Problemhorizont dieser Arbeit herauszutreten und die Krise der Polizei in der Gesellschaft in einen größeren ideengeschichtlichen Kontext zu stellen:

„Habe Mut, dich deines eigenen Verstandes zu bedienen", so lautet der Wahlspruch der Aufklärung und leitet den Übergang von der geschlossenen zur offenen Gesellschaft ein.[3] Diese Aufforderung zur geistigen Befreiung steht für den Beginn der Moderne, für die Idee der Gleichheit und der Freiheit der Menschen und für den Glauben an die Vernunft. Als offen kann die Gesellschaft aber nur gelten, solange sie sich nicht gegen Kritik verschließt: Denn – so hat Popper erkannt – „die Vernunft und die Wissenschaft wachsen beide durch gegenseitige Kritik".[4] Die Freiheit des Denkens sichern, heißt deshalb die Freiheit dieser Kritik

---

[2]Gerhardt (1999, S. 74).
[3]Hier zitiert Popper Kant (Popper 1992a, S. XXII).
[4]Popper (1992b, S. 265).

sichern.⁵ Für den Geltungsanspruch von Autoritäten in der offenen Gesellschaft ist daraus aber die mahnende Schlussfolgerung zu ziehen, wie Popper selbst erklärt, „dass wir nicht nur unsere Vernunft unseren Mitmenschen verdanken, sondern wir können sie an Vernünftigkeit auch niemals so sehr übertreffen, dass ein Anspruch auf Autorität gerechtfertigt wäre. Das Autoritätsprinzip und der Rationalismus in unserem Sinne sind unvereinbar; denn das Argument, das die Kritik einschließt, und die Kunst, Kritik anzuhören, sind die Grundlage der Vernünftigkeit."⁶ Vor diesem Hintergrund erfüllen Autoritätskritiker auch heute immer noch eine überaus wichtige Aufgabe, wenn sie Autoritätshörige vor unkritischer Untertänigkeit warnen. Gemäß der Maxime der Aufklärung, möglichst selbst zu denken, ist heute keine soziale Instanz mehr berechtigt, dem Individuum das Selbstdenken und -entscheiden abzunehmen. Auch mehr Kompetenz, Wissen oder Besitz autorisieren nicht zum Vordenken oder Anleiten.

Aber ist davon gleichermaßen auch die Autorität der Polizei betroffen? Ist ihr Anspruch, in der Gesellschaft als Autorität zu gelten, demnach womöglich vormodern und voraufklärerisch? Gefährdet ihr Autoritätsanspruch etwa die offene Gesellschaft, für die Kritikfähigkeit schließlich konstitutiv ist? Solche denkbaren Vorbehalte lassen sich – ebenfalls im Einklang mit Popper – zurückweisen. Als eine Institution des Staates, welche „die Rechte aller beschützt"⁷, ist die Polizei legitimiert, quasi auch in der offenen Gesellschaft gegenüber Kritik verschlossen zu agieren. Gleichzeitig sieht Popper aber auch „die Gefahr des Mißbrauchs dieser Macht" und – vor den Feinden der offenen Gesellschaft warnend – erkennt er im Staat auch „ein notwendiges Übel", dessen „Machtbefugnisse [daher]… nicht über das notwendige Maß vermehrt werden" sollten.⁸

Auch in Übereinstimmung mit den Anforderungen der offenen Gesellschaft lässt sich folglich der Autoritätsanspruch der Polizei aufrechterhalten. In der Rechtfertigung dieses Anspruchs tritt allerdings eine Antinomie hervor, die auch im Hinblick auf die Gewaltanwendung sichtbar wird. Um die Rechte aller zu schützen, darf die Polizei gegen das Paradigma der herrschaftsfreien Kommunikation und gegen die Autonomieansprüche des Individuums sowie gegen das Gebot allgemeiner Kritisierbarkeit für sich selbst Autorität in Anspruch nehmen, so wie

---

⁵Vgl. Popper (1992b, S. 265).
⁶Popper (1992b, S. 265).
⁷Popper (1984, S. 170).
⁸Popper (1984, S. 170). Darauf weist Popper auch an anderer Stelle noch einmal hin: „Schließlich ist der Rationalismus auf diese Weise mit der Erkenntnis verbunden, dass soziale Institutionen notwendig sind, die die Freiheit der Kritik, die Freiheit des Denkens und damit die Freiheit des Menschen schützen" (Popper 1992b, S. 279).

sie auch das allgemeine Gewaltverbot durch Anwendung von Gewalt durchsetzen darf. In beiden Fällen ist der Polizeibeamte von allgemein geltenden Grundsätzen nur deshalb suspendiert, um sie zu schützen. Es ist der „Preis für den Rechtsschutz des Staates" – um dies am Ende und im Einklang mit Karl Raimund Popper nochmals deutlich zu machen –, den wir „sogar in Form von Erniedrigung" zahlen müssen.[9] Nur in diesem begründungstheoretischen Kontext erscheint polizeiliche Autorität als eine unverzichtbare und somit akzeptable Grundlage des Polizeidienstes.

---

[9]Popper (1984, S. 170).

Literatur

Adorno, T. W. (1993). *The Authoritarian personality*. New York: Norton.
Albrecht, H.-J., & Sieber, U. (Hrsg.). (2012). Der deutsche Viktimisierungssurvey. https://www.mpicc.de/files/pdf3/a7_2014_Viktimisierungssurvey_2012.pdf. Zugegriffen: 26. Juni 2015.
Arendt, H. (2013). *Zwischen Vergangenheit und Zukunft. Übungen im politischen Denken I*. München: Pieper.
Bauman, Z. (2000). Alte und neue Gewalt. *Journal of Conflict and Violence Research, 2*(1/2000), 28–42.
Bauman, Z. (2003). *Flüchtige Moderne*. Frankfurt a. M.: Suhrkamp.
Bauman, Z. (2009). *Gemeinschaften. Auf der Suche nach Sicherheit in einer bedrohlichen Welt*. Frankfurt a. M.: Suhrkamp.
Bauman, Z. (2009). *Leben als Konsum*. Hamburg: Hamburger Edition.
Beck, U. (1986). *Risikogesellschaft. Auf dem Weg in eine andere Moderne*. Frankfurt a. M.: Suhrkamp.
Beck, U. (1994). Neonationalismus oder das Europa der Individuen. In U. Beck & E. Beck-Gernsheim (Hrsg.), *Riskante Freiheiten. Individualisierung in modernen Gesellschaften* (S. 466–481). Frankfurt a. M.: Suhrkamp.
Beck, U. (2007). *Weltrisikogesellschaft. Auf der Suche nach der verlorenen Sicherheit*. Frankfurt a. M.: Suhrkamp.
Beck, U., & Beck-Gernsheim, E. (1990). *Das ganz normale Chaos der Liebe*. Frankfurt a. M.: Suhrkamp.
Beck, U., & Beck-Gernsheim, E. (1994). *Riskante Freiheiten. Individualisierung in modernen Gesellschaften*. Frankfurt a. M.: Suhrkamp.
Behr, R. (2006). Polizeikultur als institutioneller Konflikt des staatlichen Gewaltmonopols. In J. Schulte-Ostermann (Hrsg.), *Praxis, Forschung, Kooperation. Gegenwärtige Tendenzen in der Kriminologie. Sammelband zu der Tagung "Im Gespräch. Zur Aktualität der Kriminologie"* (S. 145–161). Frankfurt a. M.: Polizei & Wissenschaft.
Behr, R. (2006). *Polizeikultur. Routinen – Rituale – Reflexionen. Bausteine zu einer Theorie der Praxis der Polizei*. Wiesbaden: Springer VS.
Behr, R. (2008). *Cop-Culture – der Alltag des Gewaltmonopols. Männlichkeit, Handlungsmuster und Kultur in der Polizei*. Wiesbaden: Springer VS.

Bettermann, U. (2015). Respektlosigkeit und Autoritätsverlust im Erleben von uniformierten Streifenpolizistinnen und –polizisten. In B. Frevel & R. Behr (Hrsg.), *Die kritisierte Polizei* (S. 165–185). Frankfurt a. M.: Empirische Polizeiforschung.

Bocheński, J. M. (1974). *Was ist Autorität? Einführung in die Logik der Autorität.* Freiburg im Breisgau: Herder.

Bosold, C. (2006). *Polizeiliche Übergriffe. Aspekte der Identität als Erklärungsfaktoren polizeilicher Übergriffsintentionen – eine handlungspsychologische Perspektive.* Baden-Baden: Nomos.

Brumlik, M. (1973). *Der symbolische Interaktionismus und seine pädagogische Bedeutung. Versuch einer systematischen Rekonstruktion.* Frankfurt a. M.: Athenäum-Fischer-Taschenbuch.

Brüning, C. (2013). Attacke auf Polizistin. Henkel fordert härtere Gesetze. *Berliner Morgenpost,* 02.10.13. http://www.morgenpost.de/berlin-aktuell/article119574504/Attacke-auf-Polizistin-Henkel-fordert-haertere-Gesetze.html. Zugegriffen: 05. Okt. 2013.

Bude, H. (2016). Die verbaute Zukunft. *Der Spiegel, 10,* 122–125.

Bude, H. (2014). *Gesellschaft der Angst.* Hamburg: Hamburger Edition.

Calmbach, M. (2012). *Wie ticken Jugendliche? 2012. Lebenswelten von Jugendlichen im Alter von 14 bis 17 Jahren in Deutschland.* Düsseldorf: Haus Altenberg.

Collins, R. (2011). *Dynamik der Gewalt. Eine mikrosoziologische Theorie.* Hamburg: Hamburger Edition.

Deines, S. (2007). Verletzende Anerkennung. Über das Verhältnis von Anerkennung, Subjektkonstitution und ‚sozialer Gewalt'. In S. K. Herrmann, S. Krämer, & H. Kuch (Hrsg.), *Verletzende Worte. Die Grammatik sprachlicher Missachtung* (S. 275–294). Bielefeld: transcript.

Dellwing, M. (2014). *Zur Aktualität von Erving Goffman.* Wiesbaden: Springer VS.

Delta-Institut. (2016). DELTA-Milieus. http://www.delta-sozialforschung.de/delta-milieus/gesellschaftsmodell/. Zugegriffen: 15. Febr. 2016.

Durkheim, E. (1988). *Über soziale Arbeitsteilung: Studie über die Organisation höherer Gesellschaften.* Frankfurt a. M.: Suhrkamp.

Eggers, D. (2014). *Der Circle.* Köln: Kiepenheuer & Witsch.

Ellrich, K., Baier, D., & Pfeiffer, C. (2011). *Gewalt gegen Polizeibeamte. Befunde zu Einsatzbeamten, Situationsmerkmalen und Folgen von Gewaltübergriffen.* Hannover: KFN.

Ellrich, K., & Baier, D. (2014). *Gewalt gegen niedersächsische Beamtinnen und Beamte aus dem Einsatz- und Streifendienst. Zum Einfluss von personenbezogenen Merkmalen auf das Gewaltopferrisiko* (Bd. 123). Hannover: KFN.

Erpenbeck, J., & Heyse, V. (1999). *Die Kompetenzbiographie. Strategien der Kompetenzentwicklung durch selbstorganisiertes Lernen und multimediale Kommunikation.* Münster: Waxmann.

Errichiello, O. C., & Zschiesche, A. (2010). *Wir Einmaligen.* Frankfurt a. M.: Eichborn.

Feltes, T. (2005). Rezension zu Alpert, G. P.; Dunham, R. G. (2004): Understanding police use of force. Officers, suspects, and reciprocity. http://www.polizei-newsletter.de/books/Alpert.pdf, S. 4. Zugegriffen: 04. Mai 2015.

Feltes, T., Klukkert, A., & Ohlemacher, T. (2007). …und dann habe ich ihm eine geschmiert. Autoritätserhalt und Eskalationsangst als Ursachen polizeilicher Gewaltausübung. *Monatszeitschrift für Kriminologie und Strafrechtsreform, 90*(4), 285–303. August.

Literatur

Die Entdeckung der Leichtigkeit. (2014). *Frankfurter Allgemeine Zeitung,* 23. März.
Man hält seinen Kopf für diesen Staat hin. (2015). *Frankfurter Allgemeine Zeitung,* 22. März.
Fromm, Erich. (1979). *Die Seele des Menschen. Ihre Fähigkeit zum Guten und zum Bösen.* Stuttgart: Deutsche Verlagsanstalt.
Gabriel, M. F. (2011). Vorurteile und Stereotypisierung im polizeilichen Alltagshandeln. In T. Feltes (Hrsg.), *Polizeiwissenschaft. Von der Praxis zur Theorie* (S. 73–89). Frankfurt a. M.: Verlag für Polizeiwissenschaft.
Gail, A. J. (Hrsg.). (1963). *Erasmus von Rotterdam. Ausgewählte pädagogische Schriften.* Paderborn: Schöningh.
Galimberti, U. (2007). *Die Sache mit der Liebe. Eine philosophische Gebrauchsanweisung.* München: Beck.
Gerhardt, V. (1999). *Selbstbestimmung. Das Prinzip der Individualität.* Stuttgart: Reclam.
Goffman, E. (2013). *Interaktionsrituale. Über Verhalten in direkter Kommunikation.* Frankfurt a. M.: Suhrkamp.
Goffman, E. (2013). *Wir alle spielen Theater. Die Selbstdarstellung im Alltag.* München: Piper.
Göpfert, A., Helm, U., & Helm, U. (2001). Polizeibeamte als Autoritätspersonen. In U. Rothfuss (Hrsg.), *Der Polizeibeamte – anders als andere Menschen? Über die Soziologie des Berufs eines Polizeibeamten* (Bd. 29, S. 61–69). Villingen-Schwenningen: Fachhochschule.
Habermas, J. (1973). *Kultur und Kritik. Verstreute Aufsätze.* Frankfurt a. M.: Suhrkamp.
Hagelüken, A., & Salavati N. (2015). Mein Kunde der Tyrann. *Süddeutsche Zeitung, 227,* 25. 2.–4. Okt.
Heisig, K. (2010). *Das Ende der Geduld. Konsequent gegen jugendliche Gewalttäter.* Freiburg im Breisgau: Herder.
Heitmeyer, W. (Hrsg.). (1997). *Was treibt die Gesellschaft auseinander? Bundesrepublik Deutschland: auf dem Weg von der Konsens- zur Konfliktgesellschaft.* Frankfurt a. M.: Suhrkamp.
Heitmeyer, W. (1998). *Gewalt. Schattenseiten der Individualisierung bei Jugendlichen aus unterschiedlichen Milieus.* Weinheim: Juventa.
Heitmeyer, W. (2005). Die verstörte Gesellschaft. *Die Zeit, 51*(05).
Heitmeyer, W. (2012). Rette sich, wer kann. http://www.taz.de/!5099708/. Zugegriffen. 05. Nov. 2013.
Hermanutz, M. (2013). *Polizeiliches Auftreten – Respekt und Gewalt. Eine empirische Untersuchung zum Einfluss verbaler Kommunikation und äußerem Erscheinungsbild von Polizeibeamten auf die Gewaltbereitschaft von Jugendlichen und jungen Erwachsenen.* Frankfurt a. M.: Verlag für Polizeiwissenschaft.
Hermanutz, M., & Spöker, W. (2009). Selbstverständnis und alltägliche Aufgabenwahrnehmung von Polizeibeamten – wie ‚wirkt' Handeln allgemein auf den Bürger? In R. Linssen & H. Pfeiffer (Hrsg.), *Polizei. Außendarstellung in Öffentlichkeit und Medien* (S. 10–24). Frankfurt a. M.: Verlag für Polizeiwiss.
Hitzler, R. (1992). Der Goffmensch: Überlegungen zu einer dramatologischen Anthropologie. *Soziale Welt, 43*(4), 449–461.
Hitzler, R., & Koenen, E. (1994). Kehren die Individuen zurück? Zwei divergierende Antworten auf eine Institutionentheoretische Frage. In U. Beck & E. Beck-Gernsheim (Hrsg.), *Riskante Freiheiten. Individualisierung in modernen Gesellschaften* (S. 447–465). Frankfurt a. M.: Suhrkamp.

Hofstede, G. (1991). Kulturdimensionen. https://geert-hofstede.com/national-culture.html. Zugegriffen: 24. März 2015.

Honneth, A. (1994). *Kampf um Anerkennung. Zur moralischen Grammatik sozialer Konflikte*. Frankfurt a. M.: Suhrkamp.

Horn, K., & Mitscherlich, A. (1982). Vom halbstarken zum starken Protest (1968). *Zeitschrift für Psychoanalyse und ihre Anwendungen, 36*(12), 1120–1143.

Hösle, V. (1997). *Moral und Politik. Grundlagen der politischen Ethik für das 21. Jahrhundert*. München: Beck.

Hufnagel, G. (1971). *Kritik als Beruf. Der kritische Gehalt im Werk Max Webers*. Frankfurt a. M.: Verlag Ullstein.

Hunold, D. (2011). Gewalt durch die Polizei gegenüber Jugendlichen. Innenperspektiven zur Anwendung polizeilichen Zwangs. *Kriminologisches Journal, 42*(3), 167–185.

Hurrelmann, K. (1997). *Lebensphase Jugend. Eine Einführung in die sozialwissenschaftliche Jugendforschung* (5. Aufl.). München: Juventa.

Jörges, H.-U. (2011). Presseschau: Wulff-Affäre spaltet Deutschland. http://www.spiegel.de/politik/deutschland/presseschau-wulff-affaere-spaltet-deutschland-a-805277.html. Zugegriffen: 22. Febr. 2014.

Junge, M. (2008). Individualisierung. In V. Steenblock (Hrsg.), *Zeitdiagnose* (S. 70–101). Stuttgart: Reclam.

Kant, I., & Weischedel, W. (1983). *Schriften zur Anthropologie, Geschichtsphilosophie, Politik und Pädagogik* (Bd. 9). Darmstadt: Wissenschaftliche Buchgesellschaft.

Käsler, D. (1979). *Einführung in das Studium Max Webers*. München: Beck.

Klinger, G. (2015). Zum ‚Feind und Opfer' geworden. *Die deutsche Polizei*, Juni 2015, S. 15–16.

Koloma Beck, T., & Schlichte, K. (2014). *Theorien der Gewalt zur Einführung*. Hamburg: Junius.

KulturSpiegel. (2006). Wir werden Deutschland. http://www.spiegel.de/kultur/gesellschaft/0,1518,druck-423043,00.html. Zugegriffen: 03. März 2016.

Lindner, E. (2005). Die Psychologie der Demütigung. http://www.sbap.ch/aktivitaeten/pdf/preis/publ-PsychologieDerDemuetigung.pdf. Zugegriffen: 09. Juni 2016.

Luhmann, N. (1984). *Liebe als Passion. Zur Codierung von Intimität*. Frankfurt a. M.: Suhrkamp.

Mead, G. H., & Morris, C. W. (1995). *Mind, self, and society: From the standpoint of a social behaviorist*. Chicago: University of Chicago Press.

Ministerium des Innern, für Sport und Infrastruktur des Landes Rheinland-Pfalz. (2013). Leitbild der Polizei Rheinland-Pfalz. http://www.polizei.rlp.de/internet/nav/d3c/d3c409c6-071a-9001-be59-2680a525fe06.htm. Zugegriffen: 12. März 2015.

Omer, H., & von Schlippe, A. (2010). *Stärke statt Macht. Neue Autorität in Familie, Schule und Gemeinde*. Göttingen: Vandenhoeck & Ruprecht.

Perry, T. (2009). Deutschland 2020. http://www.bing.com/search?q=sinus+deutschland+2020&qs=n&form=QBRE&pq=sinus+deutschland+2020&sc=0-22&sp=-1&sk=&cvid=6005C85EE423459CACD12E4894E511C1. Zugegriffen: 22. Apr. 2016.

Petersen, T. (2011). Autorität in Deutschland. *Studien des Instituts für Demoskopie Allensbach*. Bad Homburg v. d. Höhe: Herbert-Quandt-Stiftung.

Pollmann, A. (2010). *Unmoral. Ein philosophisches Handbuch. Von Ausbeutung bis Zwang*. München: Beck.

Literatur

Popitz, H. (1986). *Phänomene der Macht. Autorität – Herrschaft – Gewalt – Technik.* Tübingen: J.C.B. Mohr.
Popper, K. R. (1984). *Auf der Suche nach einer besseren Welt. Vorträge und Aufsätze aus dreißig Jahren.* München: Piper.
Popper, K. R. (1992). *Die offene Gesellschaft und ihre Feinde. Der Zauber Platons.* Tübingen: J.C.B. Mohr.
Popper, K. R. (1992). *Die offene Gesellschaft und ihre Feinde. Hegel, Marx und die Folgen.* Tübingen: J.C.B. Mohr.
Reemtsma, J. P. (2008). *Vertrauen und Gewalt. Versuch über eine besondere Konstellation der Moderne.* Hamburg: Hamburger Edition.
Reichertz, J. (2010). Wann kommuniziert man kompetent? In T. Kurtz (Hrsg.), *Soziologie der Kompetenz* (S. 257–291). Wiesbaden: Springer VS.
Rickens, C. (2006). Bedrohte Mitte. *Manager Magazin, 2*, 84 ff.
Schäfers, B. (1998). Anomie oder Rückkehr zur Normalität? *Soziologische Revue, 21*(1), 3–12.
Schmalzl, H. P. (2008). *Einsatzkompetenz. Entwicklung und empirische Überprüfung eines psychologischen Modells operativer Handlungskompetenz zur Bewältigung kritischer Einsatzsituationen im polizeilichen Streifendienst.* Frankfurt a. M.: Verlag für Polizeiwissenschaft.
Schönberger, C. (2010). Autorität in der Demokratie. *Zeitschrift für Ideengeschichte: Marburg, Weimar, Wolfenbüttel, Grunewald.* München: Beck.
Sennett, R. (2008). *Autorität.* Berlin: Berliner Taschenbuch.
Serrao, M.F. (2015). Freund ohne Helfer. *Süddeutsche Zeitung, 106*(15).
Simmel, G., & Rammstedt, O. (1992). *Soziologie. Untersuchungen über die Formen der Vergesellschaftung.* Frankfurt a. M.: Suhrkamp.
Sinus-Akademie. (2012). Lebenswelten von Jugendlichen im Alter von 14 bis 17 Jahren in Deutschland. http://www.sinus-akademie.de/fileadmin/user_files/Presse/SINUS-Jugendstudie_u18_2012/Grafik_Jugendliche_Lebenswelten_2012. Zugegriffen: 11. März 2016.
Sinus-Institut. (2015). Informationen zu den Sinus-Milieus. http://www.sinus-institut.de/fileadmin/user_data/sinus-institut/Bilder/sinus-mileus-2015/2015-09-25_Informationen_zu_den_Sinus-Milieus.pdf. Zugegriffen: 15. Febr. 2016.
Spohrer, H.-T. (2002). Die autoritäre Persönlichkeit als Erklärungsansatz für Fremdenfeindlichkeit und Rechtsextremismus – ein aktuelles Konzept. In R. C. Van Ooyen & M. H. W. Möllers (Hrsg.), *Die öffentliche Sicherheit auf dem Prüfstand: 11. September und NPD-Verbot* (S. 183–195). Frankfurt a. M.: Verlag für Polizeiwissenschaft.
Steffes-enn, R. (2012). *Polizisten im Visier. Eine kriminologische Untersuchung zur Gewalt gegen Polizeibeamte aus Tätersicht.* Frankfurt a. M.: Verlag für Polizeiwissenschaft.
Vaihinger, H. (1986). *Die Philosophie des als Ob. System der theoretischen, praktischen und religiösen Fiktionen der Menschheit auf Grund eines idealistischen Positivismus.* Aalen: Scientia.
Trotha, T. von. (1997). Zur Soziologie der Gewalt. In *Kölner Zeitschrift für Soziologie und Sozialpsychologie, Bd. 1 Modalitäten der Gewaltanalyse*, (S. 9–56). Opladen: Westdeutscher.
Walzer, Michael. (1983). *Spheres of justice. A defense of pluralism and equality.* New York: Basic Books.

Watzlawick, P., Beavin, J. H., & Jackson, D. D. (2007). *Menschliche Kommunikation. Formen, Störungen, Paradoxien*. Bern: Huber.
Weber, M. (1988). Winkelmann, J. (Hrsg.), *Gesammelte Aufsätze zur Wissenschaftslehre*. Tübingen: Mohr Siebeck.
Weber, M. (2009). Hanke, E. (Hrsg.), *Wirtschaft und Gesellschaft. Herrschaft. Studienausgabe der Max Weber-Gesamtausgabe*, I/22,4, Tübingen: Mohr Siebeck.
Willems, H., & Hahn, A. (1999). *Identität und Moderne*. Frankfurt a. M.: Suhrkamp.
Wippermann, C. (2011). *Milieus in Bewegung. Werte, Sinn, Religion und Ästhetik in Deutschland. Das Gesellschaftsmodell der DELTA-Milieus als Grundlage für die soziale, politische, kirchliche und kommerzielle Arbeit*. Würzburg: Echter.

The manufacturer's authorised representative in the EU is Springer Nature Customer Service Centre GmbH, Europaplatz 3, 69115 Heidelberg, Germany. If you have any concerns regarding our products, please contact ProductSafety@springernature.com

Printed and bound by CPI Group (UK) Ltd, Croydon, CR0 4YY
23/03/2026
02076393-0009